Problèmes sexuels masculins

Nouvelles solutions naturelles

Richard Dubé

Problèmes sexuels masculins
Nouvelles solutions naturelles

LES ÉDITIONS

CARDINAL

Richard Dubé

Problèmes sexuels masculins
Nouvelles solutions naturelles

Conception de la couverture : Luc Sauvé
Illustration de la couverture : Ninon Pelletier
Conception graphique : Luc Sauvé
Mise en page : Isabelle Robichaud
Révision : Rachel Fontaine

ISBN : 2-920943-10-3

Dépôt légal – Bibliothèque Nationale du Québec, 2005
            Bibliothèque Nationale du Canada, 2005

Les Éditions Cardinal
10 - 38 Place du Commerce
C.P. 538
Île-des-Sœurs, QC
Montréal, Québec
H3E 1T8

Imprimé au Canada

Introduction

Dysfonction érectile, panne sexuelle, éjaculation prématurée. Quelles pénibles situations évoquent ces mots! Malheureusement, elles existent et beaucoup d'hommes doivent composer avec l'un de ces problèmes. Pour la dysfonction érectile seulement, on estime à environ 15 % le nombre d'individus qui en sont affectés. Quant à la panne sexuelle et à l'éjaculation prématurée, selon les statistiques, le pourcentage grimpe à 40 % et 70 % respectivement. Et ce ne serait que la pointe de l'iceberg.

La liste des problèmes sexuels masculins est longue et variée. Outre ceux déjà mentionnés, on peut citer l'éjaculation retardée ou absente, l'éjaculation douloureuse et les différentes maladies de la verge. Mais, quel que soit le nom qu'ils portent, ces problèmes conduisent tous à un même carrefour où la direction à prendre pour résoudre le problème n'est pas évidente. Vers qui ou vers quoi se tourner? Quelles sont les solutions offertes? Quelles en sont les conséquences et peut-on compter sur leur efficacité? Et, surtout, existe-t-il des solutions naturelles permettant d'éviter une intervention médicale et le recours aux médicaments avec leur lot d'effets secondaires indésirables?

À cette dernière question, nous répondons oui sans hésiter. Bien sûr, il est parfois nécessaire de consulter un professionnel de la santé et il n'est nullement question de le déconseiller dans ce livre. Les deux premiers chapitres se consacrent d'ailleurs à l'étude des différents problèmes sexuels masculins pouvant survenir et aux options que propose la médecine traditionnelle, combinées aux médicaments disponibles sur le marché.

Cependant, dans certains cas, une solution naturelle peut être la voie à suivre. La dysfonction érectile, par exemple, croyez-vous que seul le Viagra peut y mettre un terme ? Dans plusieurs cas, bon nombre d'aphrodisiaques naturels sont tout aussi efficaces et ne comportent aucun effet secondaire. Idem pour l'éjaculation prématurée ou l'éjaculation retardée ou absente. Des méthodes tout aussi naturelles sont à notre portée, sans qu'il soit nécessaire d'avoir recours à des traitements souvent dispendieux et pour lesquels la réussite n'est pas toujours assurée. Et, comme vous le constaterez en lisant ce livre, beaucoup d'autres problèmes sexuels dont un homme peut être victime peuvent être résolus de façon simple et naturelle.

Chapitre 1

Les problèmes sexuels masculins

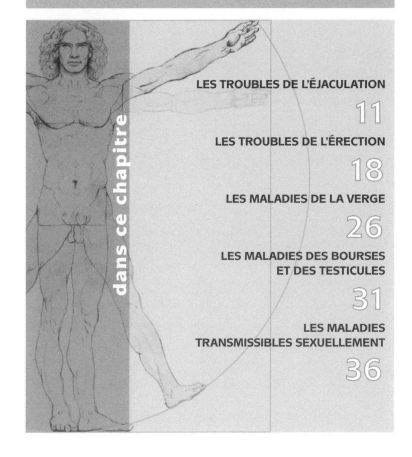

dans ce chapitre

LES TROUBLES DE L'ÉJACULATION

L'éjaculation prématurée

On considère qu'une éjaculation
est prématurée lorsque l'un des deux
partenaires, ou les deux, éprouve
une insatisfaction sexuelle
au cours d'ébats amoureux.

En réalité, personne ne parlait d'éjaculation précoce il y a trois ou quatre décennies. Il semble que ce trouble psychosexuel de l'homme soit apparu à peu près au moment où la femme commençait à vouloir occuper la place à laquelle elle a droit aujourd'hui dans la société. Avant cette période historique, les médecins ne traitaient que l'éjaculation dite «ante portas», qui se produit avant même la pénétration vaginale, ce qui compromet la fécondité du couple. Aujourd'hui, on considère le plus souvent qu'une éjaculation est prématurée lorsque l'un des deux partenaires, ou les deux, éprouve une insatisfaction sexuelle au cours d'ébats amoureux.

Car l'éjaculation prématurée peut être perçue de deux façons, selon qu'elle est considérée du point de vue de l'homme ou de celui de sa partenaire. Du point de vue de la femme, si l'éjaculation de l'homme survient plus d'une fois sur deux avant qu'elle-même atteigne l'orgasme, elle peut être considérée comme prématurée. Du point de vue de l'homme, c'est lorsqu'il considère que l'acte sexuel complet s'est produit dans un délai trop bref qu'il parlera d'éjaculation prématurée ou précoce. Cependant, la définition exacte de l'éjaculation prématurée, celle qu'ont adoptée les traités américains de médecine, se définit comme suit : une éjaculation est prématurée lorsqu'«elle survient avant que l'individu ne le souhaite du fait de l'absence persistante d'un contrôle volontaire raisonnable de l'éjaculation et de l'orgasme au cours de la relation sexuelle».

Mais l'éjaculation précoce est-elle une maladie ? Si l'on tient compte que 40 % à 75 % des hommes sont des éjaculateurs précoces, selon les différentes données existantes sur le phénomène, il est permis d'en douter. Cela dit, peut importe la manière dont on l'interprète, l'éjaculation prématurée ne devient un problème pour l'homme que lorsqu'il la considère comme telle et qu'il ressent la nécessité de la traiter. Car si le problème peut paraître insignifiant à certains, il arrive qu'il soit un frein important à l'expression de la sexualité.

Les causes

Parmi les causes inventoriées, deux ont été clairement établies et rejoignent le point de vue de l'ensemble des professionnels : des rapports sexuels trop rares et le comportement de la femme.

Les rapports trop rares

Il est somme toute aisé de comprendre pourquoi un homme éprouve de la difficulté à retarder l'éjaculation lorsque les relations sont très espacées. C'est la raison qui prédomine pour expliquer la précocité des éjaculations. Le phénomène est d'ailleurs très fréquent à l'adolescence, lors des premières expériences sexuelles. Cependant, le problème tend à se résoudre de lui-même au fur et à mesure que les relations sexuelles se font plus régulières, c'est-à-dire au rythme de trois relations hebdomadaires environ.

Le comportement de la femme

Le temps peut arranger les choses et la situation redevenir normale une fois que les deux partenaires ont appris à se connaître.

Le comportement de la[1] partenaire peut également être un facteur déstabilisateur majeur. Lorsqu'une femme est tendue, inquiète ou trop active, son comportement peut déstabiliser son partenaire au point où celui-ci ne se sent plus maître de ses impulsions. Encore là, le temps peut arranger les choses et la situation redevenir normale une fois que les deux partenaires ont appris à se connaître.

Le profil type de l'éjaculateur précoce

Un homme d'une nature anxieuse est plus qu'un autre prédisposé à connaître ce genre de problème.

---

1. Pour des raisons évidentes, l'emploi du féminin est requis dans bon nombre de situations décrites dans ce livre. Il ne devrait donc être considéré discriminatoire par aucun de nos lecteurs.

Un éjaculateur précoce est un individu qui, ne parvenant pas à contrôler son éjaculation de façon constante, en éprouve une frustration proche du désespoir. De nombreux médecins ont remarqué que le profil type de l'éjaculateur précoce correspond à un homme pressé, émotivement instable, parfois anxieux ou angoissé. Le phénomène de l'éjaculation étant provoqué par une stimulation des nerfs sympathiques du système nerveux, il va de soi qu'un homme d'une nature anxieuse est plus qu'un autre prédisposé à connaître ce genre de problème.

Du point de vue des psychanalystes, les opinions divergent. Certains avancent qu'un éjaculateur précoce est un misogyne qui veut priver la femme de son plaisir, alors que d'autres relient les angoisses existentielles et les craintes insurmontables de certains hommes à une perturbation survenue durant l'enfance. D'autres encore remontent plus loin dans le temps et lient la précocité éjaculatoire de bon nombre d'hommes à l'origine de l'humanité. Dans un passé lointain où les hommes se regroupaient par clan, beaucoup d'attaques d'un clan ennemi se produisaient au moment où leurs adversaires s'adonnaient au plaisir de la procréation. Toujours selon les psychanalystes, de tels souvenirs se seraient engrangés dans l'inconscient du genre humain et transmis de génération en génération, avec pour résultat que certains individus en vinrent à éprouver une angoisse incontrôlable devant l'acte sexuel.

Plus près de nous, beaucoup d'hommes se plaignent d'éjaculation précoce à cause des craintes et des inquiétudes qu'ils ont entretenues au cours de leurs premiers rapports sexuels. Pour une raison ou pour une autre, la peur d'être surpris par une tierce personne les aurait traumatisés. D'autres incriminent une prostituée qui ne pouvait que les féliciter de leur diligence. D'autres encore évoquent la peur de faire mal à leur partenaire. Dans un cas comme dans l'autre, ces hommes auraient contracté de mauvaises habitudes, ce qui expliquerait que leur handicap soit devenu permanent.

Même s'il peut arriver que de telles explications soient fondées pour quelques individus, elles n'en demeurent pas moins simplistes.

Les deux types d'éjaculateurs précoces

Se cache-t-il une véritable «maladie» sous ce problème sexuel dont l'importance varie selon la subjectivité de chacun?

Dans les faits, on peut distinguer deux types d'éjaculateurs précoces. Le premier a l'impression d'être intérieurement si excité par sa partenaire que l'éjaculation devient très rapidement trop pressante et la sensation de plaisir trop marquée pour qu'il puisse la maîtriser. Il est par ailleurs persuadé qu'il n'éprouvera pas un plaisir aussi intense si l'émission spermatique est retardée. Le second, quant à lui, est totalement surpris par l'éjaculation qu'il n'a pas sentie venir, quelques instants seulement après les premiers mouvements du pénis à l'intérieur du vagin de sa partenaire. Il est d'ailleurs possible que ces deux types d'éjaculateurs précoces aient un trait commun, à savoir une profonde anxiété associée aux sensations sexuelles ressenties à un stade précoce de leur vie.

Mais se cache-t-il une véritable «maladie» sous ce problème sexuel dont l'importance varie selon la subjectivité de chacun? Encore une fois, les opinions des spécialistes divergent. Certains croient à l'existence de causes organiques alors que d'autres sont plus sceptiques. Selon les tenants du premier groupe, c'est l'inflammation de l'urètre qui accroît la rapidité d'une éjaculation et le traitement ne peut être que bénéfique.

Mais cette inflammation est aiguë, donc momentanée, alors que le trouble d'éjaculation, lui, est permanent. Dans d'autres cas, c'est le frein du prépuce qui est trop court, entraînant un recourbement de la verge. Lorsque celle-ci est en érection, le gland frotte directement contre la paroi du vagin, provoquant une stimulation érotique trop puissante pour être retenue. Une intervention chirurgicale peut remédier à ce problème si l'homme en est trop gêné, mais les effets positifs d'une telle intervention ne sont pas aussi fréquents que l'on peut le souhaiter.

L'éjaculation retardée ou absente

Il existe, à l'opposé de l'éjaculation prématurée, des cas d'éjaculations difficiles à obtenir. Contrairement à ce que l'on pourrait penser de prime abord, cette situation n'est pas plus enviable que la précédente lorsqu'elle est permanente, car le prolongement du rapport sexuel n'a pas pour but d'accroître un plaisir anticipé.

Bien que de tels cas soient rares, ils sont le plus souvent le fait d'hommes d'âge mûr dont l'éjaculation était normale auparavant. Généralement, une dose de testostérone suffit pour remédier à ce problème causé par une insuffisance d'hormones mâles. Par ailleurs, des traumatismes à la moelle épinière et des séquelles consécutives à des interventions chirurgicales au petit bassin peuvent être en cause.

Certains hommes, généralement très jeunes, sont incapables d'éjaculer au cours de leurs rapports sexuels. Par contre, ils ont des émissions nocturnes de sperme et peuvent éjaculer lorsqu'ils se masturbent, tandis que d'autres n'ont que des émissions nocturnes involontaires. Et, cas paradoxal mais beaucoup moins traumatisant, certains hommes ne peuvent pas éjaculer lorsqu'ils se masturbent, mais n'ont aucune difficulté à le faire lorsqu'ils ont des rapports sexuels avec une partenaire. Dans tous ces cas, on parle d'anéjaculation de niveau variable. Elle peut être soit d'origine psychique, soit d'origine physique.

L'anéjaculation d'origine psychique est souvent le lot d'hommes ayant reçu une éducation trop stricte, religieuse, sectaire ou fanatique. Ces hommes croient qu'ils vont dégrader la femme qu'ils aiment en libérant en elle un liquide qu'ils considèrent vil à cause de l'éducation qu'ils ont reçue. Il peut s'agir aussi d'hommes désirant garder un contrôle absolu d'eux-mêmes, ce qui est le contraire d'une relation sexuelle. Ce problème affecte également des hommes qui, ayant été inhibés par leur partenaire durant une relation sexuelle, ont perdu toute confiance en leurs capacités. Enfin, un traumatisme psychique grave peut être à l'origine de l'anéjaculation, par exemple un deuil. Bien évidemment, les cas cités ici ne sont que des exemples parmi d'autres, il existe plusieurs mécanismes de défense reliés à l'anéjaculation.

L'anéjaculation d'ordre physique, comme d'autres troubles de l'éjaculation, peut être provoquée par la prise de médicaments, dont les principaux sont les hypotenseurs (la guanéthidine, la prazosine et les diurétiques thiazidiques entre autres), les neuroleptiques et beaucoup d'antidépresseurs. Certaines drogues peuvent également avoir des effets similaires tels la morphine, la codéine ainsi que l'alcool si celui-ci est consommé à outrance et de façon continue.

Les éjaculations douloureuses

Le médecin traitant adressera son patient à un psychologue ou à un sexologue si une exploration complète ne permet pas de détecter les causes physiques du malaise.

Malheureusement pour eux, certains hommes sont «trahis» par leur appareil génital. Alors que leur sexe devrait être synonyme de plaisir et de jouissance, il devient l'instrument d'une douleur appréhendée. Et cette douleur peut se présenter sous différents aspects, apparaître dans toutes les parties de l'appareil génital (parfois ailleurs), être ressentie avant, pendant ou après l'émission du sperme, couvrir deux de ces moments ou les trois.

Trois causes principales peuvent être à l'origine de ces douleurs. La première, la plus fréquente, est l'infection des voies séminales qui entraîne des douleurs durant l'éjaculation, provoquées par l'inflammation des tissus.

La deuxième cause est d'ordre mécanique. Les douleurs sont provoquées par la mise sous tension de la voie séminale par le sperme qui ne trouve pas d'issue. Il se peut qu'une situation de ce genre soit constatée à la suite d'une intervention médicale, par exemple une vasectomie, mais c'est rarement le cas.

Enfin, une éjaculation douloureuse peut être causée par un trouble psychologique. En général, le médecin traitant adressera son patient à un psychologue ou à un sexologue si une exploration complète ne permet pas de détecter les causes physiques du malaise.

LES TROUBLES DE L'ÉRECTION

L'érection est un phénomène naturel de redressement et de durcissement du pénis qui se déclenche lors d'une excitation sexuelle ayant dépassé un certain stade. L'excitation sexuelle prend sa source dans le cerveau, descend ensuite le long de multiples voies nerveuses pour enfin parvenir jusqu'aux corps caverneux du pénis. Ces derniers sont constitués de logettes séparées par des parois composées de fibres musculaires lisses et de fibres élastiques. Sous l'effet d'une excitation sexuelle, les parois de ces minuscules cellules se relâchent tout en s'agrandissant, ce qui permet au sang apporté par les artères dilatées d'y entrer à flot. Ainsi, la verge se gonfle, les veines écrasées retiennent le sang, un durcissement se manifeste et le pénis se dresse. L'ensemble de ce processus exige que le cerveau et la verge soient imprégnés d'une quantité suffisante d'hormones mâles.

L'insuffisance érectile

L'insuffisance érectile se traduit par l'absence d'une excitabilité sexuelle normale ou par l'impossibilité pour un sujet soumis à une excitation sexuelle suffisante d'avoir une érection.

L'insuffisance érectile est l'impossibilité pour un homme d'entrer en érection et d'accomplir un acte sexuel normal même s'il le désire et qu'il est en présence d'une stimulation érotique satisfaisante.

Également appelée «impuissance» ou «dysfonction érectile», l'insuffisance érectile se traduit par l'absence d'une excitabilité sexuelle normale ou par l'impossibilité pour un sujet soumis à une excitation sexuelle suffisante d'avoir une érection soit par suite de lésions ou d'une inhibition nerveuse, soit à cause de différentes altérations des vaisseaux sanguins ou des corps caverneux du pénis, soit en raison d'une carence au niveau des sécrétions hormonales.

Il existe deux catégories d'insuffisance érectile distinctes : celle d'un jeune homme en bonne santé qui ne peut avoir d'érection en raison d'un dérèglement psychologique et celle, organique celle-là, d'un sujet âgé de cinquante ans et plus ou d'un homme atteint d'une maladie, victime d'un accident ou qui a subi une intervention chirurgicale ayant causé des dommages à ses fonctions sexuelles. Dans ce dernier cas, il y a généralement lieu de remédier à la situation par un examen approfondi des organes affectés (il n'est pas rare qu'il y en ait plusieurs) et de rétablir ensuite leurs fonctions par une autre intervention chirurgicale.

Les pannes sexuelles

Un homme qui se retrouve dans ce genre de situation a le sentiment de perdre la face devant sa partenaire.

Dans le même ordre d'idées, mais à moindre fréquence, beaucoup d'hommes ont vécu ou vivront ce que l'on appelle des pannes transitoires, des pannes occasionnelles, voire circonstancielles. En général, ces pannes ne sont qu'anecdotiques, mais pour certains, elles peuvent se répéter à l'excès et conduire à une insuffisance érectile prolongée.

Lorsqu'un homme se retrouve dans l'intimité avec sa femme ou sa compagne, ou lorsqu'il rencontre une femme avec qui il aura des rapports sexuels, il lui est généralement facile d'entrer en érection dans un laps de temps relativement court.

Mais ce n'est pas toujours le cas. Il se peut que la verge demeure totalement impassible et ne réponde plus aux stimuli sexuels comme auparavant, quels que soient les efforts déployés, fantasmatiques ou autres. Il se peut également que l'érection se produise normalement et s'interrompe par la suite au moment où l'homme s'apprête à pénétrer sa partenaire. Il se peut enfin que l'érection cesse soudainement au cours de la relation sexuelle.

Bien sûr, un homme qui se retrouve dans ce genre de situation devient pratiquement paralysé et il a le sentiment de perdre la face devant sa partenaire. Sans compter la déception de celle-ci ! Dans un tel cas, l'homme ne comprend pas ce qu'il lui arrive et cherche par tous les moyens à s'expliquer cette panne, d'autant plus si le désir qu'il éprouve pour sa partenaire ne s'est pas altéré. Mais quelles sont donc les causes de ces pannes ?

Les soucis, les tensions, les fantasmes

Bien que souvent incompréhensibles les pannes sexuelles ne durent pas et les rapports suivants se dérouleront normalement.

Lorsqu'une panne sexuelle survient chez un homme, toutes les catégories de stress peuvent être suspectées : une dispute dans le couple, des déboires professionnels, une déception, des ennuis financiers, des soucis causés par un enfant, un parent ou un proche, etc.

Il se peut toutefois qu'aucune de ces raisons ne soient valables et qu'aucun stress ne soit en cause. Pourtant, la panne existe bel et bien. La cause peut se rattacher plus directement à la relation sexuelle, par exemple la peur de contracter une maladie transmissible sexuellement, un geste ou une attitude de la part de la partenaire qui a rappelé à l'homme une situation traumatisante vécue dans le passé. Il se peut également que l'homme ait été soudainement saisi d'une idée fantasmatique peu stimulante ou d'une peur paralysante au cours de la relation. Par exemple, une projection instantanée de l'intérieur du vagin de sa partenaire, ce qui peut l'inhiber totalement. Bien que souvent incompréhensibles au premier abord, ces pannes ne durent pas dans la plupart des cas et les rapports suivants se dérouleront normalement. Même s'il arrive qu'un homme connaisse quelques mésaventures du même genre au cours de sa vie, elles demeurent, fort heureusement, transitoires et n'ont aucune conséquence négative par la suite.

Le rôle de la partenaire

Le rôle de la partenaire au moment d'une panne sexuelle de l'homme est primordial, car celle-ci peut, selon son attitude, y mettre fin ou la prolonger indûment. Si elle se montre compréhensive et met cet incident sur le compte du surmenage et de la fatigue, la réponse sexuelle de l'homme reviendra à la normale dans la majorité des cas. En fait, la plupart des femmes réagissent de cette façon.

Dans le cas contraire, même si une première panne n'avait en soi aucune gravité, mais que la partenaire a manifesté du dépit, des regrets ou, pire, s'est montrée méprisante ou offensée, l'ego de l'homme subit alors une blessure profonde qui pourra conduire à une incompréhension dans le couple et à une escalade de reproches sous-entendus.

Généralement, et quelle que soit la relation qu'entretenait le couple auparavant (conflictuelle, harmonieuse, couple récent ou relation ancienne), la réaction de la partenaire va orienter la suite des événements. Il est facile d'imaginer et de comprendre le malaise que peut ressentir une partenaire en pareille situation. Elle peut se sentir coupable, penser qu'elle n'a pas été à la hauteur, qu'elle n'est pas ou plus désirable, ou que son partenaire n'a pas ou n'a plus d'attirance réelle pour elle. Dans bien des cas, cette frustration apparaît plus grande que celle de l'homme.

Les maladies organiques

> Il y a lieu de s'inquiéter si les pannes se reproduisent, même si elles semblent reliées aux circonstances.

Même si, dans la grande majorité des cas, l'origine d'une panne sexuelle sans complications ultérieures est psychologique, une maladie réelle au niveau des organes d'un individu peut, à la longue, provoquer d'autres pannes.

Comme nous l'avons vu, certaines causes psychologiques ou circonstancielles de la panne sexuelle sont faciles à détecter et il n'est nul besoin de consulter un spécialiste pour y remédier. Par contre, il y a lieu de s'inquiéter si ces pannes se reproduisent, même si elles semblent reliées aux circonstances. Dans ce cas, le recours à la médecine est une avenue à envisager pour éviter une aggravation et des pannes sexuelles de plus en plus fréquentes.

L'impuissance d'origine psychologique

> L'érection est tributaire du système nerveux sympathique, indépendant de la volonté.

Le principe de l'impuissance d'origine psychologique est fort simple : si un homme peut avoir une érection normale sans être soumis à une situation de relation sexuelle probante, par exemple en se masturbant, alors que cette érection fait défaut lorsqu'il se retrouve avec une partenaire, ce dernier est frappé d'inhibition d'origine psychique. Un exemple éloquent est celui d'un homme qui a des relations sexuelles normales avec une femme et se montre incapable d'en avoir avec une autre.

Parfois, un homme n'aura aucune érection au premier rapport sexuel alors qu'un autre aura des troubles d'érection avec une partenaire même s'il a eu une vie sexuelle normale avec d'autres femmes auparavant. Dans le premier cas, on parle de «défaut primaire d'érection» (un adolescent la plupart du temps) et dans le deuxième, de «troubles d'érection secondaires» (chez un adulte).

Mais quel est le mécanisme des troubles d'érection d'origine psychologique? L'érection est tributaire du système nerveux sympathique, indépendant de la volonté, qui commande aux fibres musculaires lisses des logettes des corps caverneux du pénis. Dès qu'une anxiété s'éveille chez un individu, le système sympathique fait en sorte que les fibres lisses se contractent, entraînant un rétrécissement de la verge, qui devient alors moins pénétrable par l'afflux sanguin.

Lorsque l'anxiété du sujet demeure constante, la composante psychologique ne se modifie pas et les échecs répétés créent un cercle vicieux auquel il lui est impossible d'échapper.

L'impuissance d'origine organique

> Il se peut que la dysfonction érectile
> soit causée par la prise
> d'un ou de médicaments.

Il est parfois difficile de distinguer une impuissance d'origine psychologique d'une impuissance organique. Pendant longtemps, on a eu recours à des tests durant le sommeil d'un sujet de façon à pouvoir déterminer si l'origine de son impuissance était exclusivement organique. Le principe en était simple : si des érections normales se produisaient durant le sommeil, elles étaient la preuve de l'intégrité des mécanismes locaux de l'érection et orientaient la recherche vers une origine psychologique. Bien que les résultats obtenus, dans un sens comme dans l'autre, ne semblent pas montrer d'équivoque, la réalité paraît plus complexe et le diagnostic pas toujours aussi précis que l'on espérait. Certains sexologues continuent tout de même d'utiliser ce genre de test, car il peut fournir des informations utiles sur l'état du patient.

En tout état de cause, une impuissance d'origine organique est généralement attribuable à trois facteurs principaux dont le médecin traitant devra tenir compte après un interrogatoire et un examen clinique attentif. Ces trois facteurs sont l'équilibre endocrinien, à savoir l'état des glandes qui sécrètent les hormones déversées dans le sang et la lymphe, l'état des artères et des veines de la verge, et l'état du système nerveux.

Il se peut également que la dysfonction érectile soit causée par la prise d'un ou de médicaments. Bien qu'aucun médicament ou presque ne puisse provoquer l'impuissance chez 100 % des hommes qui en font usage, certaines catégories de médicaments sont soupçonnées d'être en cause. Il s'agit des médicaments utilisés pour traiter l'hypertension et de ceux qui agissent sur le système nerveux comme les neuroleptiques, les antidépresseurs, les drogues dures ou intermédiaires. S'ajoutent à cette liste les hormones femelles et les antihormones mâles qui, même si elles sont tout simplement employées contre les ulcères d'estomac, peuvent également avoir des effets négatifs. D'autres, comme certains médicaments utilisés pour lutter contre l'excès de cholestérol dans le sang, peuvent également être responsables d'une dysfonction érectile, mais très peu d'hommes en sont affectés.

LES MALADIES DE LA VERGE

La petite verge chez un homme adulte

Bien des hommes se croient
atteints d'une anomalie qui n'existe que
dans leur esprit et leur pénis pourrait être
qualifié de «faux petit pénis».

Malgré ce que peuvent en dire les «vendeurs de rêve» dans la publicité qu'ils diffusent sur Internet ou ailleurs, la taille d'un pénis chez un homme adulte ne peut être modifiée de façon spectaculaire par un appareil, quel qu'il soit, ou par un traitement hormonal quelconque.

En fait, bien des hommes se croient atteints d'une anomalie qui n'existe que dans leur esprit et leur pénis pourrait être qualifié de «faux petit pénis». On associe cette perception à une phobie du nom de dysmorphophobie.

Deux catégories d'hommes sont hantés par leur faux petit pénis. Ceux dont la taille du pénis est normale, mais qui entretiennent la conviction que la nature n'a pas été suffisamment généreuse à leur endroit. Une situation semblable peut se produire lorsqu'un homme s'est comparé à un autre mieux pourvu que lui à un âge où il n'avait pas atteint sa puberté. Dans la deuxième catégorie se retrouvent des hommes dont la dimension du pénis n'est pas «idéale» mais qui, après un étirement normal à l'état de flaccidité, se rendent compte que leur sexe peut atteindre 9 à 10 centimètres, et de 12 à 13 centimètres en état d'érection. Considérant que la longueur moyenne observée d'un pénis «normal» est d'environ 15 centimètres, ces hommes n'ont donc aucune raison de se croire négligés.

Il est vrai que des hommes développent un complexe à l'endroit de leur pénis mais, en général, c'est sa dimension au repos qui les préoccupe. Une fois leur pénis en érection, plusieurs hommes voient fondre leur complexe et cette «particularité» ne les affecte pas outre mesure au cours de leurs ébats sexuels. En réalité, la dimension d'un pénis n'a d'importance qu'en fonction des dimensions de la vulve et du vagin de la partenaire et, pour la plupart des hommes, qu'en rapport avec l'opinion de leur partenaire, laquelle n'accorde généralement aucune valeur à cet état de fait.

Les traumatismes de la verge

> Il est rare que la courbure
> de la verge rende les rapports
> sexuels ultérieurs difficiles.

Il existe deux traumatismes principaux de la verge, la «fracture» de la verge et le «penis captivus» ou l'emprisonnement du pénis.

Le faux pas du coït est la cause classique et la plus fréquente de ce que l'on nomme les «traumatismes fermés de la verge». Cette situation se produit lorsque l'homme, durant la pénétration, ressent soudain une douleur brutale, perçoit un bruit de craquement ou se rend compte que l'érection a brusquement pris fin. Il observe alors que son pénis prend du volume et devient bleuté.

Mais que s'est-il passé? Un accident de ce genre provoque la rupture de l'un ou des corps caverneux du pénis, plus précisément de l'albunigée qui en est l'enveloppe externe. L'évolution dépend de la gravité de la fracture et du temps qui s'est écoulé avant qu'un traitement ait lieu. Lorsque le traumatisme a été sévère, l'hématome est volumineux et des spasmes peuvent être observés. Selon la nature de la lésion, les séquelles peuvent être mineures mais, dans certains cas, le sujet peut se retrouver avec un pénis d'une apparence courbée lorsqu'il est en érection. Il est probable qu'une intervention chirurgicale sous antibiotiques soit nécessaire.

Il est rare cependant que la courbure de la verge rende les rapports sexuels ultérieurs difficiles. Par contre, si la courbe est trop accentuée, une intervention chirurgicale peut y remédier. Des troubles d'érection peuvent également s'ensuivre, mais ils n'affectent qu'une minorité d'hommes souffrant d'un tel traumatisme.

Le *penis captivus* est un traumatisme de la verge tout à fait particulier. Il s'agit en fait de l'emprisonnement du pénis de l'homme dans le vagin de sa partenaire. Il a une conséquence plutôt singulière : l'impossibilité pour les deux partenaires de se séparer. Ce genre d'accident est rarissime, mais s'il se produit, sachez que le traitement consiste à introduire l'index dans le rectum de la partenaire de façon à provoquer un relâchement de ses muscles périvaginaux.

Les verges qui se courbent

Cette maladie bénigne,
n'annonce aucune catastrophe.

La découverte d'une anomalie de ce type est habituellement fortuite. Un jour, un homme peut constater, alors qu'il entre en érection, que son pénis est soudain recourbé de façon inhabituelle soit vers le haut, soit vers le bas, soit vers le côté. Une fois l'érection passée, il se rendra compte de la présence d'un noyau dur au niveau de la courbure. Il se peut également que ce soit sa partenaire qui le constate au moment de la pénétration en remarquant un appui inhabituel sur la paroi du vagin. Il se peut aussi, bien sûr, que les deux partenaires s'en rendent compte en même temps.

Mais cette anomalie soudaine, si elle vous affecte, devrait-elle vous inquiéter ? Pas du tout, ce noyau n'est nullement le signe précurseur d'une maladie grave, voire d'un cancer. En fait, cette maladie bénigne, décrite il y a plusieurs siècles par François Gigot de la Peyronie, un chirurgien français de l'époque de Louix XV, n'annonce aucune catastrophe. Imprévisible, elle affecte les hommes de tous âges, quoique la majorité des hommes atteints se situent entre quarante et soixante-cinq ans.

Habituellement, son apparition est précédée de quelques douleurs mais pas dans tous les cas. La maladie évolue en deux périodes d'une durée inégale. La première est une phase pendant laquelle le sujet peut souffrir de douleurs passablement intenses. La seconde est une phase chronique, assez longue et totalement indolore, durant laquelle la courbure du pénis s'accentue.

Le cancer de la verge

> Plus de 70% des hommes atteints sont toujours vivants cinq ans après la détection de la maladie.

Cette forme de cancer est rare. Elle est habituellement causée par une mauvaise hygiène et par le phimosis, une étroitesse anormale du prépuce, qui se localise généralement au niveau du gland dans 70 % des cas et dans la face interne du prépuce.

Bien qu'il ne soit pas toujours facile à déceler, car il se développe généralement sous le prépuce, le cancer de la verge se reconnaît de deux façons. Soit à l'apparition d'une enflure, soit en constatant l'impossibilité de tirer le prépuce vers la base de la verge afin de dégager le gland (phimosis). Dans un cas comme dans l'autre, il est essentiel de consulter un spécialiste le plus rapidement possible.

Une fois le diagnostic établi, à savoir la présence d'une tumeur (à degrés variables car il existe des tumeurs bénignes), il est possible de traiter ce cancer de trois façons : par la chirurgie, la radiothérapie ou la chimiothérapie. La fonction sexuelle est cependant préservée par un traitement de radiothérapie dans la plupart des cas. Lorsque les ganglions ne sont pas envahis, plus de 70 % des hommes atteints sont toujours vivants cinq ans après la détection de la maladie.

Les douleurs de la verge

> Dans la plupart des cas, il est préférable de procéder à l'ablation du prépuce lorsque la situation ne se résorbe pas à la suite d'un traitement.

Les douleurs de la verge ne sont pas courantes, mais il est relativement facile d'en connaître les causes en les localisant précisément. À part les douleurs survenant dans des conditions précises après des rapports sexuels (peu importe leur degré d'intensité) ou celles qui peuvent être causées par des signes anormaux très apparents, il existe quatre foyers où elles peuvent rayonner : à partir du prépuce, du gland, du méat urinaire ou des corps caverneux du pénis.

Dans le cas de douleurs au prépuce, le sujet a de la peine à dégager le gland ou à le recalotter, et de légers signes d'inflammation sont visibles. La muqueuse n'a pas sa couleur normale et l'on peut, dans certains cas, apercevoir de petites fissures allongées dans l'axe de la verge. Dans la plupart des cas, il est préférable de procéder à l'ablation du prépuce lorsque la situation ne se résorbe pas à la suite d'un traitement.

En ce qui concerne les douleurs au gland, elles ont pour origine un frein du prépuce trop court, ce qui cause des douleurs au cours des rapports sexuels. Elles peuvent être associées à des lésions dermatologiques (sur la peau) ou survenir en raison d'un rétrécissement de l'orifice du prépuce.

Les douleurs au méat urinaire, quant à elles, sont généralement associées à une irritation ou à un rétrécissement de l'orifice urétral (d'où s'écoule le sperme). Chez les individus plus âgés, la douleur provient généralement de la prostate.

En ce qui concerne les douleurs des corps caverneux du pénis, elles sont le plus souvent causées par la maladie de La Peyronie et leur siège se situe dans les corps de la verge, soit au niveau des corps caverneux, soit le long du canal de l'urètre.

LES MALADIES DES BOURSES ET DES TESTICULES

Les traumatismes des bourses

> Lorsque le traitement est adéquat, les séquelles seront relativement rares.

Les traumatismes des bourses sont très fréquents et sont habituellement causés par des événements fortuits comme un accident de travail ou un coup de pied accidentel, ou ils surviennent à la suite d'une agression, d'un accident sportif, d'une chute de moto, etc. Lorsque le traitement est adéquat, les séquelles seront relativement rares. Les douleurs se résorberont avec le temps et la fécondité d'un individu ne s'en trouvera pas altérée.

Les conséquences reliées à un traumatisme des bourses se présentent sous deux aspects. Le premier est la formation d'un hématome n'affectant pas directement les testicules. Dans ce cas, et même si le volume de l'hématome peut être saisissant, la situation n'est pas alarmante car les testicules ne sont pas affectés. Dans le cas contraire, si ce sont les testicules qui ont reçu le choc, une hémorragie peut avoir eu lieu à l'intérieur de la ou des glandes et comprimer les tubes séminifères. Advenant une telle éventualité, la fonction des testicules peut être sérieusement endommagée à long terme.

Dans la première éventualité, lorsque les testicules ont été épargnés, aucune intervention chirurgicale n'est nécessaire mais, dans la seconde, une chirurgie est indispensable pour annihiler la compression exercée sur les tubes séminifères par le sang sous pression.

Le cancer des testicules

Le cancer des testicules touche environ deux hommes sur cent mille.

Cette maladie tant redoutée se guérit aujourd'hui dans la majorité des cas en raison des nouvelles formes de chimiothérapie et grâce à l'utilisation de dérivés de platine. En plus, elle est très facile à diagnostiquer à son premier stade d'évolution par une échographie.

Par contre, l'augmentation de la fréquence observée suscite tout de même l'inquiétude des spécialistes, car elle frappe davantage les hommes jeunes (de vingt à quarante ans) que les hommes plus âgés. Elle touche environ deux hommes sur cent mille.

Un cancer du testicule peut être appréhendé lorsqu'une augmentation du volume d'un testicule est observée dans la bourse ou qu'apparaît un gonflement au niveau des aréoles (cercles colorés entourant les mamelons) ou un développement de seins véritables qui n'est pas provoqué par la prise d'hormones. Dans d'autres cas, un individu peut ressentir une douleur plus ou moins intense dans une bourse ou être sujet à une torsion du testicule.

Les épididymites

Une épididymite est une infection du canal servant à transporter les spermatozoïdes depuis les testicules jusqu'au canal déférent (qui expulse le sperme) puis à l'urètre (canal qui permet le passage du sperme). C'est dire que la principale conséquence de cette maladie est l'obstruction de ce canal si elle n'est pas traitée à temps.

Il y a deux types d'épididymites, celle causée par une contamination vénérienne telle que le gonocoque ou les chlamydiae et celle qui se produit chez les hommes, habituellement plus âgés, qui souffrent de maladies de l'appareil urinaire.

L'épididymite aiguë

Le véritable danger demeure la stérilité.

Reconnaître la présence d'une épididymite aiguë est relativement facile car les symptômes sont une fièvre s'élevant rapidement à 39 ou 40 degrés centigrades et des douleurs intenses dans une bourse. Il y a toutefois des signes précurseurs de l'émergence de cette maladie : un écoulement de la verge ou une irritation du canal. Lorsque de pareils signes sont observés, il vaut mieux recourir le plus tôt possible à un traitement médical, d'autant plus qu'ils sont la preuve d'une infection causée par une maladie transmissible sexuellement.

Même si les complications dues à une épididymite sont plutôt rares, elles font généralement leur apparition lorsque la maladie est latente, avec peu de fièvre et de douleur. Les germes remontent alors à partir du canal épididymaire vers les tubes séminifères et, gagnant la glande, ils finissent par détruire le testicule. Dans d'autres cas, c'est la formation d'un abcès de l'épididyme dont le pus perfore la peau à la hauteur du canal épididymaire et qui s'écoule durant plusieurs jours. En réalité, le véritable danger d'une maladie de ce type demeure la stérilité, surtout si l'épididymite est bilatérale, c'est-à-dire lorsque les deux canaux du pénis sont obstrués.

L'épididymite chez les hommes de plus de 60 ans

> Les hommes plus âgés courent davantage le risque d'être atteints d'une épididymite bilatérale.

Également appelée épididymite des urinaires, l'épididymite que l'on rencontre chez les hommes plus âgés diffère de celle des plus jeunes en ce sens qu'elle n'est pas causée par les mêmes germes. Souffrant davantage de maladies urinaires (rétrécissement de l'urètre, infection de la prostate, etc.), les hommes plus âgés courent davantage le risque d'être atteints d'une épididymite bilatérale. De plus, l'affection récidive plus souvent, surtout si une anomalie au niveau de la prostate ou de l'urètre persiste.

Les orchites

Fréquemment, la prostate est gonflée et douloureuse au toucher rectal.

Une orchite est une infection du testicule causée par un germe. Dans la plupart des cas, le testicule est atteint en même temps que l'épididyme (canal par où passe le sperme) lorsqu'un germe est responsable d'une infection dans cette zone. Par contre, dans les rares cas où l'orchite est d'origine virale, elle se concentre uniquement sur la glande elle-même. Exceptionnellement, le virus en cause sera celui de la grippe ou de l'herpès.

Comme on l'a vu pour les épididymites, les infections provoquées par les germes ont une relation avec une maladie transmissible sexuellement ou avec une maladie urinaire. La différence se situe au niveau de l'augmentation du volume de la bourse car, dans ce cas, c'est le testicule ainsi que l'épididyme qui deviennent très sensibles et prennent de l'ampleur. Fréquemment, la prostate est gonflée et douloureuse au toucher rectal, témoignant ainsi que la totalité de l'appareil génital est affecté. L'évolution de la maladie est semblable à l'épididymite, mais avec un plus grand danger d'abcédation (abcès) et de fonte du testicule si le traitement n'est pas approprié.

Lorsqu'un individu est atteint d'orchite, un repos au lit doit être observé durant une période variant selon le niveau de gravité de la maladie.

LES MALADIES TRANSMISSIBLES SEXUELLEMENT

> Les MTS peuvent être transmises par des contacts sexuels anaux ou vaginaux, ou des contacts oro-génitaux ou oro-anaux.

Les maladies transmissibles sexuellement (MTS) sont causées par des microbes, des parasites, des champignons ou des virus. Elles se manifestent aussi bien chez l'homme que chez la femme et sont décelables par des signes situés sur l'appareil génital (le canal de l'urètre chez l'homme) ou par une maladie qui affecte l'individu en entier, dans le cas du sida notamment. Les MTS peuvent être transmises par des contacts sexuels anaux ou vaginaux, ou par des contacts oro-génitaux (par exemple le cunnilingus) ou oro-anaux (la bouche en contact avec le rectum du ou de la partenaire).

Comme toutes les maladies infectieuses, les MTS évoluent en trois phases : la contamination, l'incubation plus ou moins longue et dépourvue de symptômes, et finalement l'invasion de la maladie, qui n'est cependant pas toujours apparente.

Le sida

> Parmi les personnes porteuses du virus, une majorité ne présentera aucun signe apparent de la maladie.

Le sida, ou syndrome d'immunodéficience acquise, est une maladie d'origine virale reliée au système de défense immunitaire et n'est pas héréditaire. La conséquence d'une telle maladie est que, privé de son système immunitaire naturel, l'organisme se voit envahi progressivement par des microbes ou des cellules cancérigènes sans qu'il puisse se défendre contre de telles attaques.

Il y a cependant une distinction importante à faire entre le sida, qui est la maladie déclarée, et la séropositivité, qui est une trace biologique de la présence du virus. Parmi les personnes porteuses du virus (en état de séropositivité), une majorité ne présentera aucun signe apparent de la maladie tandis que d'autres présenteront un syndrome associé au sida et d'autres encore développeront subséquemment la maladie.

Parce qu'il est transmissible sexuellement, le sida frappe surtout la population la plus sexuellement active, soit les personnes âgées de dix-neuf à quarante ans. Bien que des progrès remarquables aient été réalisés au cours des dernières années dans la connaissance de la maladie et du virus qui la transmet, il reste toujours à mettre au point un traitement capable de détruire le virus chez les gens atteints et à développer un vaccin capable de protéger l'ensemble de la population. En attendant un tel vaccin, seules les mesures préventives fondées sur une information claire, continue et efficace peuvent limiter la propagation de cette maladie.

La transmission du sida peut se faire de «sang à sang», la plus directe et la plus dangereuse, soit par l'échange de seringues ou d'aiguilles contaminées, soit par des transfusions de sang ou de produits sanguins contaminés, soit lors de greffes d'organes ou du traitement médical d'une blessure accidentelle.

Bien sûr, la transmission du virus du sida peut se produire lors d'un contact sexuel, qu'il soit hétérosexuel ou homosexuel, et les risques de transmission augmentent selon le nombre de personnes impliquées. La pénétration anale augmente les risques de contamination, alors que la muqueuse buccale semble moins à risque que la relation génitale. Ainsi, les rapports oro-génitaux peuvent être une cause à risques supplémentaires surtout lorsque le virus est mis en contact avec la muqueuse génitale. Bien que la différence ne soit pas notable, la contamination de l'homme par la femme est moins fréquente que le contraire.

Dans tous les cas cependant, l'usage régulier de préservatifs masculins réduit les risques de contamination du virus de 90 %.

La séropositivité

> **Personne ne peut prévoir que le virus du sida présent dans l'organisme d'un individu se développera ou non et à quelle échéance.**

Un individu est séropositif lorsque le virus est à l'état latent dans son organisme. Être séropositif ne signifie pas qu'une personne est atteinte du sida, ni même qu'elle contractera la maladie un jour, cela veut dire qu'après avoir été en contact avec le virus du sida, elle a développé des anticorps contre lui ou qu'elle est porteuse du virus. Conséquemment, elle devient contagieuse et peut le transmettre à un ou une partenaire sexuelle lors de rapports non protégés, ainsi que par échange de sang ou de seringues non stérilisées.

Quant à savoir si une personne séropositive développera un jour la maladie du sida, les données recueillies jusqu'à présent par les spécialistes ne permettent pas de l'affirmer ou de l'infirmer. En fait, personne encore ne peut prévoir que le virus du sida présent dans l'organisme d'un individu se développera ou non et à quelle échéance. Ce que l'on sait, par contre, c'est que toutes les personnes infectées par le virus ne développent pas nécessairement le sida et que la période d'incubation du virus se situe présentement entre deux ans et demi et dix ans au plus tard.

La prévention

Connaissant parfaitement les voies de transmission du virus du sida, il devient d'autant plus facile de s'en prémunir. Étant donné que seuls le sang, le sperme et les sécrétions génitales sont susceptibles de transmettre le sida, il n'y a pas lieu de modifier notre comportement dans la vie de tous les jours.

Bien que de nombreuses mesures aient été prises par les instances de la santé publique dans le but de réduire les risques de transmission de la maladie (surtout par la voie du sang), il nous faut tout de même adopter une conduite pour réduire les risques d'infection, notamment par l'usage régulier du condom durant un rapport sexuel, surtout lorsque l'on ne connaît pas bien les antécédents du ou de la partenaire, ou au cours d'un contact sexuel avec une personne qui nous est inconnue.

Parmi les risques tout à fait nuls d'être frappé du virus du sida, il y a la masturbation, les baisers, les caresses, le frottement des corps, les massages, la stimulation des mamelons, les gadgets sexuels non partagés, le cunnilingus et l'anulingus protégés par une digue dentaire. Quant aux risques faibles, on peut noter le cunnilingus en dehors de la période menstruelle, la fellation sans éjaculation et sans préservatif, et la fellation lorsque le sperme est avalé. En fait, le principe de base est d'éviter la rencontre d'une plaie, même infime, et tout contact avec des sécrétions vaginales ou du sang pouvant contenir le virus.

Les urétrites

Les urétrites sont les maladies transmissibles sexuellement les plus courantes chez les hommes. Les plus fréquentes sont la blennorragie (ou gonococcie ou chaude-pisse), les urétrites à chlamydiae et les mycoplasmes.

La blennorragie ou la gonococcie

La blennorragie ou la gonococcie est, avec la syphilis, une des maladies transmissibles sexuellement les plus anciennement connues. Elle provoque une sensation de brûlure en urinant (chaude-pisse), qui peut être parfois gênante, parfois très douloureuse et à la limite du supportable. En même temps, un écoulement de pus jaune, très souvent abondant, exsude par l'orifice du méat urinaire et, quelquefois, des ganglions très sensibles apparaissent dans le creux de l'aine. En général, l'écoulement se produit environ trois jours ou plus après qu'un individu a été contaminé.

Les urétrites à chlamydiae

La contamination peut être insidieuse en raison de la disparition des symptômes au bout d'une à trois semaines.

Les symptômes d'une urétrite à chlamydiae, des démangeaisons et des brûlures lors de la miction (le fait d'uriner), surviennent en général entre dix et vingt jours après un rapport contaminant. Ces symptômes sont également suivis de pertes aqueuses et visqueuses émanant du pénis et peuvent occasionner des pertes matinales ou la présence de petites taches sur les sous-vêtements.

La contamination peut être insidieuse en raison de la disparition des symptômes au bout d'une à trois semaines. Bien que les bactéries responsables de la maladie soient toujours présentes, le sujet en vient à considérer cette infection comme anecdotique et risque de contaminer la ou les personnes avec qui il aura des contacts sexuels par la suite. Lui-même peut d'ailleurs être victime d'une épididymite quelques semaines ou quelques mois plus tard qui obturera à jamais l'issue de ses spermatozoïdes.

En outre, une urétrite à chlamydiae, si elle n'est pas traitée, peut entraîner une maladie rhumatismale persistante et de l'arthrite, pour laquelle on ne connaît pas encore de traitement efficace. Heureusement, ces complications n'affectent qu'un nombre restreint d'individus.

Les mycoplasmes

Les mycoplasmes, des micro-organismes dépourvus de l'enveloppe qui entoure la plupart des bactéries, sont responsables du développement d'urétrites dans une proportion d'environ 15 %.

Les complications causées par ces micro-organismes sont cependant moindres que celles des chlamydiae. Elles se manifestent fréquemment par une goutte matinale qui tache le sous-vêtement et il arrive même que l'irritation du canal soit absente.

Bien que la médecine moderne ne puisse affirmer que les mycoplasmes soient réellement dangereux, du moins en matière d'infertilité chez l'homme, on sait que ces germes existent dans les voies génitales, tant masculines que féminines, et il est essentiel qu'un sujet se croyant atteint fasse les démarches nécessaires pour en enrayer le développement.

Maintenant que nous avons vu les causes et les symptômes reliés aux problèmes sexuels traités dans ce chapitre, voyons quelles sont les solutions que propose la médecine traditionnelle.

Chapitre 2

Les solutions médicales conventionnelles

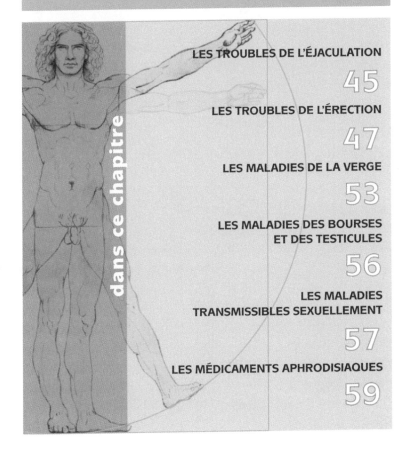

dans ce chapitre

LES TROUBLES DE L'ÉJACULATION

L'éjaculation prématurée

> Quel que soit le médicament utilisé, le sujet
> doit s'armer de patience.

Certains hommes aux prises avec des problèmes d'éjaculation prématurée peuvent tirer un réel bénéfice des médicaments disponibles sur le marché, tandis que d'autres en trouveront les effets moins probants. Il y a quelques années, des neuroleptiques comme la thioridazine avaient la réputation d'être très efficaces dans le traitement de l'éjaculation prématurée, mais on s'est rendu compte que leur efficacité était surfaite. Aujourd'hui, ce sont les antidépresseurs tricycliques qui semblent donner les meilleurs résultats. La clomipramine, par exemple, utilisée à dose très faible et d'une façon croissante est efficace dans 60 % des cas, mais au prix de quelques effets secondaires.

Pour traiter de tels problèmes, la fluoxétine et le fluvoxamil donnent également d'excellents résultats. À l'instar de la clomipramine, ils doivent être administrés à faible dose sous le contrôle d'un médecin. En fait, il semble que ces deux substances soient aujourd'hui les plus performantes pour traiter l'éjaculation précoce. Il existe également des bloquants du système nerveux sympathique comme le moxisylyte qui pourraient apporter une solution. Malheureusement, ces bloquants ne sont pas immédiatement efficaces et doivent parfois être administrés durant trois mois avant de commencer à produire les effets désirés.

Toutefois, quel que soit le médicament utilisé, le sujet doit s'armer de patience car, dans certains cas, le traitement peut s'étaler sur un an ou plus.

L'éjaculation retardée ou absente

La prise de nombreux médicaments ou l'absorption de certaines substances peut provoquer une anéjaculation chez l'homme, et chaque sujet aux prises avec un problème d'éjaculation retardée ou absente doit faire l'objet d'une analyse approfondie par le médecin traitant.

Parmi les médicaments les plus en cause, citons les hypotenseurs (en particulier la guanéthidine, la prazosine et les diurétiques thiazidiques), les neuroleptiques, beaucoup d'antidépresseurs et certaines drogues comme la morphine, l'héroïne, la codéine et l'alcool qui, absorbées en quantités élevées, peuvent supprimer l'éjaculation chez un individu.

Par contre, d'autres médicaments n'ont qu'un effet partiel et peuvent provoquer une éjaculation rétrograde en altérant le fonctionnement normal du processus d'éjaculation. En ce qui concerne tous les médicaments précités, seul le médecin traitant peut en supprimer la prise ou en réduire la dose, selon le cas observé.

Les éjaculations douloureuses

Bien que chaque cas soit particulier, toutes les infections responsables d'éjaculations douloureuses sont traitées par des antibiotiques ou des anti-inflammatoires, et les résultats obtenus sont généralement satisfaisants. Par exemple, lorsqu'une épididymite est prise en charge à son premier stade de développement, la guérison est relativement rapide et sans séquelle. Il est donc important de consulter le plus rapidement possible lorsque les premières manifestations infectieuses sont détectées.

LES TROUBLES DE L'ÉRECTION

Les injections intracaverneuses

> Une injection intracaverneuse
> est très facile à faire et le patient
> peut l'effectuer lui-même.

Outre le Viagra que nous abordons plus loin dans ce livre et une substance naturelle comme la yohimbine (voir la section consacrée aux aphrodisiaques naturels, page 73), les troubles de l'érection peuvent être traités par injections intracaverneuses.

Comme la défectuosité de certains corps caverneux de la verge est parfois la cause d'un trouble de l'érection, l'injection de certains produits peut parvenir à les détendre et faire affluer le sang dans la verge plus efficacement. De plus, on relève très peu d'effets secondaires chez les sujets traités, si l'on excepte la sensation peu agréable qu'exerce l'introduction d'une aiguille dans cette partie de leur anatomie.

Une injection intracaverneuse est très facile à faire et le patient peut l'effectuer lui-même. Il est toutefois indispensable que la première injection soit faite par un médecin de façon que le patient puisse savoir exactement comment s'y prendre.

Le processus d'une injection se déroule de la manière suivante : il faut se munir d'une aiguille fine d'un tiers de millimètre et dont la longueur ne dépasse pas un centimètre et demi, et l'introduire perpendiculairement à la peau (en arrière du gland) sur l'une des deux surfaces latérales et supérieures de la verge, en arrière du gland. En général, le prépuce doit être repoussé avant l'opération. Il faut par la suite pousser l'aiguille jusqu'à la garde sur au moins huit millimètres et la retirer ensuite de un à deux millimètres.

Lorsque cette règle est respectée, l'injection intracaverneuse est indolore. Après l'injection, il suffit de masser la verge de la racine vers le gland pour que la substance utilisée s'y répartisse adéquatement, puis de comprimer le point d'injection durant environ deux minutes.

Les produits injectés sont en général la papavérine (voir la section consacrée aux aphrodisiaques naturels), la moxisylyte ou la prostaglandine PGE1. Il arrive parfois que l'on utilise des mélanges de diverses substances, chacune ayant ses avantages et ses inconvénients. Il faut toutefois être très prudent quant à la dose de substances utilisées car, bien que rares, certaines complications comme le priapisme peuvent survenir, surtout si on agit sans connaissances adéquates ou sans la supervision d'un médecin.

Le priapisme est une érection prolongée, souvent douloureuse, qui n'est pas liée à une excitation sexuelle. Lorsqu'elle se produit, elle peut provoquer une dégénérescence des fibres des logettes caverneuses et conduire à une impuissance définitive si l'individu qui en est affecté ne la fait pas traiter par un médecin dans un délai raisonnable. Notons que les cas de priapisme sont plutôt rares.

Les injections intracaverneuses ne doivent être entreprises que si les médicaments n'ont pas été efficaces et elles sont ordinairement conseillées par le médecin lorsque toutes les autres tentatives ont échoué. On estime qu'elles sont efficaces dans 20 % à 50 % des cas, mais les abandons de traitement ne sont pas rares, même si les résultats sont probants, car certains hommes peuvent souffrir d'intolérance locale ou ne pas supporter psychologiquement le traitement. Il arrive aussi que la partenaire demande une suspension du traitement, également pour des raisons psychologiques.

Les interventions de nature vasculaire

Bien que ce type d'intervention puisse être pratiqué en dernier recours par un médecin, on ne sait toujours pas s'il améliorera vraiment la qualité de l'érection chez un sujet une fois la chirurgie achevée, surtout si ce dernier souffre de diabète, que ses artères sont dans un état de vieillissement généralisé, que les injections intracaverneuses n'ont pas suffi ou qu'il est un fumeur invétéré.

En outre, des séquelles dues à l'intervention peuvent également survenir comme le raccourcissement du pénis, une courbure à la verge et l'apparition d'un hématome, et la peau pénienne peut être affectée par un engourdissement permanent. Par contre, dans certains cas, les injections intracaverneuses qui n'avaient pas apporté les résultats souhaités avant l'intervention ont été couronnées de succès après que cette dernière a été effectuée.

Les prothèses péniennes

Selon certains spécialistes,
la prothèse pénienne idéale est de type
gonflable à trois composantes.

Les prothèses péniennes sont des cylindres que l'on introduit dans les corps caverneux du pénis lors d'une intervention chirurgicale, procurant une certaine rigidité au pénis. Elles sont soit gonflables lorsque reliées à un réservoir contenant un fluide, soit simplement semi-rigides.

Chacune de ces prothèses comporte cependant quelques inconvénients. Les plus simples, les semi-rigides, sont plutôt gênantes, car l'érection étant permanente, elles sont plus ou moins difficiles à dissimuler. Quant à celles de type gonflable, elles peuvent parfois se détraquer et, le fluide ne quittant plus le réservoir, il devient impossible d'avoir un rapport sexuel complet à cause d'une absence d'érection. Certains cas peuvent être encore plus embarrassants, la prothèse se vidant au cours du rapport sexuel...

Il existe beaucoup de modèles de prothèses péniennes, chacun avec ses avantages et désavantages. Les prothèses peuvent être rigides, semi-rigides, posséder ou non une armature ou être gonflables. Dans ce dernier cas, le réservoir est placé sous la paroi abdominale ou dans la bourse. Les volumes sont variables et les longueurs peuvent atteindre de seize à vingt-neuf millimètres.

Selon certains spécialistes, la prothèse pénienne idéale est de type gonflable à trois composantes : les cylindres gonflables, le réservoir et la pompe, laquelle permet de faire passer l'air du réservoir dans le pénis. La pose en est facile et les raccords simplifiés entre les composantes rendent le mécanisme plus fiable.

Les traitements prometteurs

Bien que le traitement miracle sans effets secondaires ni contre-indications ne soit pas encore à nos portes, on peut espérer que les troubles de l'érection soient un jour chose du passé. Bon nombre de recherches ont eu lieu et se poursuivent toujours dans le but de découvrir un traitement qui mettra fin aux problèmes reliés à l'impuissance sexuelle. Parmi les traitements prometteurs, mais qui sont toujours au stade d'évaluation, il existe certains médicaments actifs pris par voie orale, en particulier des inhibiteurs de la phosphodiestérase, ou des gels et des timbres agissant directement sur la verge, ou encore l'association de ces produits qui sortent du lot.

Les médicaments actifs par voie orale

Le processus d'érection est provoqué, sous l'effet de l'excitation sexuelle, par la libération de substances qui relâchent les fibres lisses des corps caverneux de la verge et dilatent les artères. Parmi ces substances, il y a le monoxyde d'azote qui est une puissante substance érectogène. Elle est cependant détruite par une enzyme, la phosphodiestérase, aussitôt qu'elle devient active.

Grâce à cette observation, comme les résultats de recherches qui en découlent, les spécialistes ont découvert une molécule inhibant la diestérase. Cette dernière étant supprimée, le monoxyde d'azote demeure en contact avec les fibres musculaires du corps caverneux de la verge et, une fois l'érection obtenue, elle se prolonge. Il faut toutefois que ladite molécule parvienne à la verge sans provoquer d'effets défavorables sur le reste de l'organisme.

À ce jour, les résultats obtenus montrent une efficacité satisfaisante sur l'érection et donnent à penser que les effets secondaires négatifs sont mineurs.

Les médicaments actifs par voie locale

Les gels applicables sur le gland
provoquent une dilatation
des vaisseaux de la verge.

Parmi les médicaments prometteurs pour contrer les troubles de l'érection, on peut citer deux formes d'introduction d'une substance active dans la verge : un gel ou un timbre appliqué directement sur la peau du pénis et l'introduction d'une gelée ou d'un liquide dans le conduit de l'urètre. Il existe même un bâtonnet qui, une fois introduit dans le conduit, se liquéfie à la température du corps.

Les timbres peuvent contenir de la nitroglycérine qui est isolée dans un réservoir plat et passe à travers une membrane perméable une fois qu'elle est mise en contact avec la peau. L'inconvénient majeur de cette méthode : elle entraîne des maux de tête.

Les gels applicables sur le gland contiennent de la papavérine et provoquent une dilatation des vaisseaux de la verge; ils sont l'équivalent des injections intracaverneuses de cette substance. Bien qu'ils soient moins puissants, ils font preuve d'une certaine efficacité s'ils sont appliqués directement sur le gland plutôt que sur la peau de la verge.

Les médicaments introduits dans l'urètre

Le gel dont on se sert pour cette technique est à base de prostaglandine. Bien qu'il s'agisse encore d'une pratique expérimentale car la prostaglandine est surtout utilisée par voie intraveineuse, il se produit tout de même une érection après quelque temps lorsque cette substance a été introduite dans l'urètre par une légère pression.

À ce jour, les spécialistes ignorent encore comment la prostaglandine agit mais le principe étant retenu, il n'est pas exclu que d'autres substances puissent faire l'objet d'études ultérieures. Quoi qu'il en soit, une érection satisfaisante a été observée à multiples reprises chez bon nombre d'hommes.

LES MALADIES DE LA VERGE

La chirurgie dans les cas de petite verge

> Il arrive fréquemment, qu'un chirurgien
> soit obligé de reprendre son intervention.

Un homme traumatisé par une verge qu'il estime trop petite peut bénéficier d'une intervention chirurgicale, mais les risques d'une telle pratique ne sont pas absents. Il arrive fréquemment, pour toutes sortes de raison, qu'un chirurgien soit obligé de reprendre son intervention.

Chez environ 40 % des patients, c'est un retour à la case départ. En effet, pour ces sujets, la verge a tendance à retrouver sa taille antérieure au bout de quelques semaines. Le chirurgien n'a alors d'autre choix que de procéder à une deuxième intervention. Chez 22 % des patients ayant subi ce type de chirurgie, une cicatrice inadéquate doit être reprise et dans 17 % des cas, une circoncision est devenue nécessaire par la transformation de la hampe de la verge. La complication la plus désagréable est la formation d'un nodule disgracieux et très sensible causé par une répartition non homogène de la graisse qu'on a ajoutée à l'intérieur du pénis. La suppression du nodule est difficile dans certains cas.

Les verges qui se courbent

> Plusieurs médicaments sont proposés dont
> aucun n'a d'effet certain.

Dans les cas de verges qui se courbent, plusieurs médicaments sont proposés, dont aucun d'eux n'a d'effet certain. Leur recours vise à enrayer les douleurs et à empêcher la courbure de se prononcer davantage. La vitamine E, entre autres, est fréquemment citée comme un traitement très actif en raison de son action dans l'organisme qui réduit l'activité des radicaux libres. On utilise aussi le parabenzoate de potassium, mais les résultats sont inconstants, quoique satisfaisants dans certains cas. Dans d'autres cas, un médicament connu sous le nom de *Piasclédine* est utilisé avec certains résultats satisfaisants.

Depuis peu, deux nouveaux médicaments ont été essayés, la colchicine et le tamoxifène. La colchicine a l'inconvénient de provoquer de la diarrhée, tandis que le tamoxifène, utilisé à forte dose, doit être actif avant six semaines. Si, passé ce délai, la situation du patient demeure inchangée, on doit abandonner le traitement.

Dans les cas où aucun des traitements précités n'a donné les résultats souhaités et que les douleurs persistent, trois types de thérapeutiques sont possibles : l'application d'ultrasons, des séances de radiothérapie (seulement chez les hommes n'ayant plus d'intérêt pour une vie sexuelle active car une impuissance complète peut s'ensuivre) et des injections de corticoïdes dans les corps caverneux de la verge.

Le recours à la chirurgie

Il existe deux types de chirurgie susceptibles de supprimer la douleur causée par une courbure de la verge. La première consiste à exciser la plaque à l'intérieur du pénis, que l'on remplace par un greffon, la deuxième permet de retirer une petite bande de tissu du côté opposé au nodule et de rapprocher les deux berges de la plaie de manière à redresser la verge.

Toutefois, la majorité des spécialistes ne voient pas d'un bon œil la suppression de la plaque dans la première intervention, car elle conduit souvent à des rétractions et à une altération de la circulation sanguine dans la verge. Au cours de la deuxième intervention, bien qu'elle puisse donner de bons résultats, il se produit inévitablement un raccourcissement de la verge.

Les douleurs de la verge

C'est l'absence de signes physiques apparents qui laisse croire à une origine psychique.

Bien qu'elles soient ressenties physiquement, les douleurs de la verge peuvent être d'origine psychique. Les signes d'une telle possibilité sont la ténacité des douleurs, leur durée prolongée et une certaine confusion dans les sensations qu'elles laissent : brûlures, irritations et impressions de froid. Bien évidemment, c'est aussi l'absence de signes physiques apparents qui laisse croire à une origine psychique. En général, les douleurs d'origine psychique durent depuis longtemps sans qu'aucun signe physique distinctif au niveau des organes ne puisse être observé. Lorsque le médecin diagnostique une cause psychique à des douleurs de la verge, des antidépresseurs sont habituellement prescrits.

Dans le cas contraire, c'est-à-dire lorsque les douleurs ont une cause physique, il existe deux types de médicaments susceptibles de les soulager : des anti-inflammatoires ou différents produits pouvant combattre un arrêt ou un ralentissement au niveau de la circulation sanguine de la zone affectée.

LES MALADIES DES BOURSES ET DES TESTICULES

Le traumatisme des bourses

> Les risques ayant trait à
> la fertilité sont minimes.

Lorsqu'un individu est victime d'un traumatisme des bourses et que les testicules sont affectés, le médecin doit intervenir et faire cesser la compression exercée sur les tubes séminifères par le sang sous pression à l'intérieur des testicules en effectuant une incision à ce niveau.

En général, il y a peu de séquelles sauf quelques douleurs résiduelles qui disparaîtront avec le temps. Quant aux risques ayant trait à la fertilité, ils demeurent minimes car, la sécrétion des hormones mâles est à peu près préservée. Pour ce qui est de la production des spermatozoïdes, il n'existe pas d'évolution type en raison de la variabilité des lésions provoquées par toutes les formes de traumatismes.

Le cancer du testicule

> Les suites de l'intervention chirurgicale sont simples et
> généralement dépourvues de complications.

Lorsqu'un médecin soupçonne un cancer au niveau du testicule, il demande en général que des tests soient effectués le plus tôt possible. Si les résultats révèlent la présence d'une tumeur cancéreuse, il pratique habituellement une intervention chirurgicale qui consiste à enlever le testicule affecté qui pourra éventuellement être remplacé par une prothèse.

Les suites de l'intervention chirurgicale sont simples et généralement dépourvues de complications. Évidemment, des tests seront effectués pour s'assurer que le cancer ne se propagera pas ailleurs dans l'organisme. On se contentera ensuite d'une simple surveillance.

Dans les autres cas, un complément de traitement sera alors proposé : soit une radiothérapie, soit une chimiothérapie.

Les épididymites

Les cas d'épididymites sont habituellement traités à l'aide d'antibiotiques et la maladie ne tend pas vers la chronicité. Dans le cas d'une épididymite chronique, surtout si le sujet se plaint de douleurs, de lourdeurs ou de symptômes divers et tenaces après l'administration suffisamment prolongée d'antibiotiques, le chirurgien devra retirer le ou les épididymes affectés.

LES MALADIES TRANSMISSIBLES SEXUELLEMENT

Le sida

> L'apparition des médicaments antirétroviraux comme l'AZT, puis des trithérapies, a permis d'allonger l'espérance de vie des malades.

Bien que l'on ne dispose pas encore d'un traitement infaillible contre le sida (syndrome d'immunodéficience acquise), les avancées scientifiques représentent tout de même un espoir pour les 42 millions de personnes atteintes de cette maladie, car l'apparition des médicaments antirétroviraux comme l'AZT, puis des trithérapies, a permis d'allonger l'espérance de vie des malades.

Si l'on ne peut pas encore parler de guérison, il demeure qu'un diagnostic précoce, une prise en charge adaptée des infections et des mesures pour prévenir leur apparition permettent d'améliorer la qualité de vie des patients.

Les urétrites

La blennorragie ou gonococcie

> Dans la plupart des cas,
> les antibiotiques sont très efficaces.

Bien qu'elle ait régressé, on avait espéré que la blennorragie serait éradiquée avec l'invention de la pénicilline. En fait, les souches de la maladie résistent au traitement dans 20 % des cas en moyenne et l'usage d'antibiotiques tels que la ceftriaxone, la spectinomycine, le cefixime et la ciprofloxacine est recommandé. Dans la plupart des cas, ces antibiotiques sont très efficaces, notamment la ceftriaxone et la spectinomycine, qui peuvent éliminer totalement l'infection.

Les urétrites à chlamydiae

Il existe deux catégories d'antibiotiques capables de contrer cette affection : les cyclines et les macrolides. Selon le cas, la durée du traitement peut varier entre huit et quinze jours, la durée la plus longue étant la plus recommandée. En général, le ou les partenaires sont tous traités et ne doivent pas avoir de rapports sexuels durant la première semaine du traitement.

Les mycoplasmes

Chez un homme dont les investigations bactériologiques ont démontré la présence d'une concentration de mycoplasmes de l'ordre de cent mille colonies par millilitre ou les dépassant, un traitement antibiothérapique à l'aide de cycline doit être entrepris, d'une durée de quinze jours environ.

LES MÉDICAMENTS APHRODISIAQUES

Le Viagra

Ce médicament n'est pas sans danger et ne peut être administré que sur la recommandation d'un médecin.

Le Viagra, dont le nom scientifique est «sildénafil», est une substance synthétique qui a été développée aux États-Unis par les laboratoires pharmaceutiques Pfizer. À l'origine destiné au traitement de l'angine de poitrine, le produit s'est finalement révélé efficace dans un domaine tout à fait inattendu... En effet, c'est lors des études cliniques destinées à l'enregistrement du produit que les infirmières se sont rendu compte de l'érection des participants lorsqu'elles prenaient leur pouls! Par la suite, la presse à sensation s'est emparée de l'affaire, les effets du Viagra ont fait boule de neige et le produit est rapidement devenu dans la population synonyme de médicament miracle pour remédier aux troubles de l'érection. Mais bien que ce médicament fasse effectivement des miracles dans plusieurs cas, il n'est pas sans danger et ne peut être administré que sur la recommandation d'un médecin. Quiconque y contrevient risque fort d'en subir les conséquences.

L'indication reconnue pour le Viagra est le traitement par voie orale, on recommande de le prendre une heure avant un rapport sexuel. Fait à remarquer, l'érection souhaitée ne s'obtient qu'en cas de stimulation sexuelle. Elle sera puissante, d'assez longue durée, mais pourra se résorber dans certains cas. Comme la plupart des produits pharmaceutiques, le Viagra peut causer un certain nombre d'effets secondaires, comme des maux de tête et des problèmes digestifs. En outre, environ 3% des sujets ont fait état d'un voile bleu devant les yeux, conséquence d'une modification de la perception des couleurs.

De plus, le Viagra peut devenir dangereux s'il est associé à des dérivés nitrés tels la nitroglycérine, cette dernière étant précisément administrée pour traiter l'angine de poitrine, maladie pour laquelle le Viagra avait d'abord été élaboré par les chercheurs de Pfizer. Un individu qui souffre d'une maladie cardiaque comme l'angine de poitrine doit absolument éviter de prendre du Viagra car il s'expose, par exemple, à un collapsus circulatoire dont les symptômes sont les suivants : malaise soudain, chute de tension artérielle, pouls rapide et sueurs froides.

Selon des données cliniques, les hommes aux prises avec une dysfonction érectile ont obtenu une amélioration statistiquement significative dans leurs tentatives réussies de rapports sexuels entre 24 et 36 heures après la prise de Viagra. Toujours selon ces données, les hommes n'ayant pas de problèmes cardiaques n'ont manifesté aucun signe relié à une accélération cardiaque et l'amélioration significative ainsi que l'effet du médicament n'ont pas diminué avec le temps.

Contre-indications

Les hommes souffrant d'insuffisance cardiaque grave, d'allergie au sildénafil, d'insuffisance hépatique, d'hypotension qui ont été victimes d'infarctus du myocarde ou d'un accident vasculaire cérébral, ou qui présentent une rétinite pigmentaire ne devraient pas prendre du Viagra à moins d'une recommandation du médecin. Le Viagra doit également être utilisé avec précaution par les individus présentant une malformation anatomique du pénis ou atteints de maladies prédisposant au priapisme (érection prolongée et douloureuse) comme la drépanocytose, le myélome ou la leucémie. Il est aussi déconseillé aux femmes, aux adolescents et aux hommes âgés, ces derniers ne devant l'utiliser que sous supervision médicale. Finalement, les conducteurs de véhicule et les machinistes devraient l'utiliser avec précaution, car il peut causer des vertiges et des troubles de l'équilibre.

Le Cialis

> À la différence du Viagra, le Cialis
> peut être pris plus de 24 heures
> avant un rapport sexuel.

Le Cialis possède les mêmes mécanismes d'action que le Viagra : il agit en inhibant une enzyme responsable de la dysfonction érectile, la phosphodiestérase 5. À l'instar du Viagra, une stimulation sexuelle est nécessaire pour qu'une érection se produise. Différence notable, cependant, il peut être pris plus de 24 heures avant un rapport sexuel et 90 % des hommes réagissent encore au produit 36 heures plus tard. La dose recommandée est de 20 mg et, comme le Viagra, il ne peut être obtenu que sur ordonnance du médecin.

Des études cliniques ont montré que les hommes aux prises avec un problème d'érection constataient une amélioration significative dans la plupart des cas sans qu'aucune augmentation du rythme cardiaque n'ait été constatée chez des sujets ne souffrant d'aucun problème cardiaque. Selon les mêmes études, la prise de Cialis sur une longue période n'en diminue pas l'action, mais certains effets secondaires ont été constatés : maux de tête, problèmes digestifs et, plus rarement, vertiges, bouffées de chaleur ou congestions nasales.

Le Cialis peut être pris entre 30 minutes et 24 heures avant une activité sexuelle et présente la plus longue durée d'action si on le compare au Viagra et au Lévitra. La posologie maximale est d'une prise par jour et son utilisation quotidienne n'est pas recommandée.

Contre-indications

Le Cialis est déconseillé aux femmes et aux
jeunes de moins de 18 ans.

Les hommes présentant des troubles cardiaques et dont l'activité sexuelle est proscrite à cause d'un infarctus subi dans les trois derniers mois, d'un angor instable (angine de poitrine), d'une insuffisance cardiaque, d'un accident vasculaire cérébral subi dans les six derniers mois, de troubles du rythme cardiaque, d'insuffisance rénale ou en cas d'allergie à l'un des constituants du produit doivent s'abstenir de prendre du Cialis.

Le médicament doit également être utilisé avec précaution par les hommes présentant une malformation anatomique du pénis ou étant sujets au priapisme. Il est aussi déconseillé aux femmes et aux jeunes de moins de 18 ans, et les hommes âgés ne devraient l'utiliser que sous supervision médicale. À l'instar du Viagra, le Cialis doit être pris avec précaution par les conducteurs de véhicule et les utilisateurs de machine, car il risque de provoquer des vertiges et des bouffées de chaleur.

Le Lévitra

> On estime que l'action du Lévitra est plus rapide que celle du Viagra, les effets se faisant sentir après une quinzaine de minutes seulement.

Concurrent direct du Viagra dans une cinquantaine de pays, le Lévitra a été développé en Allemagne par la compagnie Bayer. En 2005, il n'était pas encore disponible au Canada.

Le Lévitra, une pilule de forme ronde et de couleur orange, a été testé en Allemagne sur 1 000 hommes souffrant de dysfonction érectile et les résultats ont été tellement probants qu'il est maintenant considéré comme révolutionnaire, tout comme l'a été le Viagra en 1998 aux États-Unis. On estime que son action est plus rapide que celle du Viagra, les effets se faisant sentir après une quinzaine de minutes seulement contre trente minutes pour son concurrent. Par ailleurs, le fabricant affirme que l'érection dure plus longtemps et que les effets secondaires sont moindres.

On recommande de prendre du Lévitra entre 25 et 60 minutes avant un rapport sexuel et il ne peut être efficace qu'en cas de stimulation sexuelle. La dose recommandée chez la plupart des hommes est de 10 mg (5 mg pour les hommes âgés) et peut être portée à 20 mg dans certains cas. Les effets secondaires causés par le Lévitra sont des maux de tête, des rougeurs au visage (dans plus de 10 % des cas), des nausées, des troubles digestifs, des congestions nasales et des vertiges (entre 1 et 10 % des cas).

Contre-indications

Les hommes présentant des insuffisances cardiaques graves ou des angors sévères, en particulier ceux dont toute activité sexuelle est proscrite, devraient s'abstenir de prendre du Lévitra. Il est également déconseillé en cas d'insuffisance hépatique sévère, d'hypotension, d'insuffisance rénale terminale, d'allergie à l'un de ses constituants, et aux personnes ayant subi un accident vasculaire cérébral, un infarctus du myocarde ou une rétinite pigmentaire. Les femmes et les jeunes hommes de moins de 18 ans doivent également éviter son utilisation.

Bien qu'un traitement médical ou un médicament puisse être efficace lorsqu'il s'agit de traiter un problème à caractère sexuel, les effets secondaires qu'ils provoquent nous portent à nous tourner vers des solutions plus naturelles qui, pour la plupart, sont réputées en être exemptes. C'est cette approche qui fait l'objet du chapitre qui suit.

Chapitre 3

Les solutions naturelles

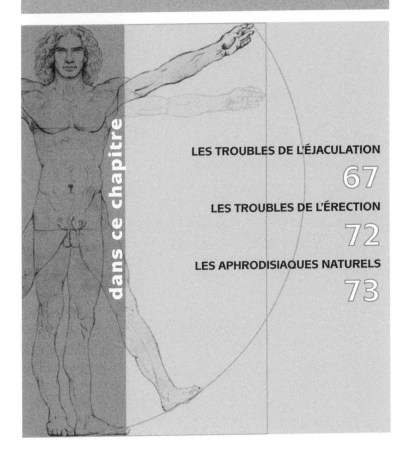

dans ce chapitre

Comme nous l'avons vu, il existe une panoplie de médicaments et de techniques d'intervention médicale pour remédier à la plupart des problèmes sexuels masculins. Mais il existe également des solutions naturelles qui ont fait leurs preuves au cours des ans. Bien sûr, les résultats ne sont pas toujours spectaculaires et il faut parfois user de patience, mais le jeu en vaut la chandelle si l'on considère l'absence d'effets secondaires des produits naturels, ce qui est loin d'être le cas des substances chimiques présentes dans les médicaments.

S'il n'est pas toujours possible d'écarter la possibilité d'une intervention médicale, le recours à une solution naturelle demeure une option valable, surtout comme première démarche. Nous verrons dans ce chapitre les différentes solutions naturelles qui s'offrent aux hommes aux prises avec un problème sexuel.

LES TROUBLES DE L'ÉJACULATION

L'éjaculation prématurée

Il existe des techniques de reconditionnement, qui s'inspirent de la psychanalyse.

Bien que la psychanalyse ait été l'une des premières formes de traitement des éjaculations prématurées, elle s'est révélée très souvent inefficace et, même lorsque des résultats positifs pointaient à l'horizon, la durée du traitement se révélait fort longue.

Il existe cependant des techniques de reconditionnement, qui s'inspirent de la psychanalyse, dont la plus connue est celle que recommandaient Masters et Johnson, deux sexologues américains qui publièrent un rapport explosif sur la sexualité des hommes et des femmes au cours des années 1960. Leur approche, connue sous le nom de technique comportementaliste, consiste à supprimer un réflexe nuisible chez le sujet.

Elle exige l'aide bienveillante d'une partenaire régulière qui, en retour, pourra s'en voir récompensée. Au cours de séances successives de stimulation érotique, la femme suscite une érection chez son partenaire et poursuit la stimulation par des caresses de la verge. Dès que l'homme perçoit les sensations lui annonçant l'imminence d'une éjaculation, il doit en avertir sa partenaire, qui doit serrer énergiquement le pénis entre deux doigts ou avec la main complète, provoquant ainsi une douleur qui a pour but d'interrompre l'éjaculation.

À force de répéter ces séances de stimulation et douleur combinées, l'homme se reconditionne et apprend à bien reconnaître l'approche de l'éjaculation. L'alternance des érections et des sensations érotiques péniennes se prolongeant, le processus éjaculatoire perd son automaticité et une normalisation des relaxions sexuelles en résulte. Quant à la durée nécessaire pour obtenir les résultats souhaités, elle varie selon le couple. En réalité, la principale difficulté de la méthode est l'abnégation dont la femme doit faire preuve, car son rôle est majeur quant à la réussite ou à l'échec de cette méthode.

Il existe d'autres méthodes dont voici les principales.

Un anneau en caoutchouc

L'éjaculation prématurée étant principalement causée par une hypersensibilité du pénis, une diminution des stimulations retarderait l'éjaculation.

Il semble qu'un simple anneau en caoutchouc puisse transformer la vie des hommes souffrant d'éjaculation prématurée. En effet, cet ustensile en latex permettrait de multiplier par six la durée d'un rapport sexuel. Un bémol cependant, des résultats positifs ne sont obtenus que chez peu d'hommes.

Pour ceux qui désireraient en faire l'essai (cela vaut quand même le coup d'essayer), voici en quoi consiste la méthode : il suffit de mettre l'anneau en latex autour du pénis pendant une demi-heure par jour et de faire l'amour au moins trois fois par semaine avec une partenaire ou de se masturber.

Selon les chercheurs qui ont découvert cette nouvelle méthode, l'explication du phénomène est simple : l'éjaculation prématurée étant principalement causée par une hypersensibilité du pénis, une augmentation plutôt qu'une diminution des stimulations pourrait conduire à une accoutumance, ce qui retarderait l'éjaculation.

L'effet «belle-mère»

Cette méthode, connue sous le nom d'effet «eau froide» ou «belle-mère», immortalisée par Woody Allen dans le film *Tout ce que vous avez toujours voulu savoir sur le sexe*, consiste à diriger son esprit vers des pensées anti-érotiques pour retarder la réaction orgasmique. Bien qu'il soit plutôt difficile de se concentrer sur un sujet tel que l'incidence des conditions atmosphériques sur la vie des papillons africains pendant un rapport amoureux, il se pourrait que cette méthode puisse fonctionner pour certains...

En solitaire

Il est possible d'apprendre à contrôler l'émergence d'une éjaculation en agissant en solitaire. Pendant la masturbation, il faut prendre l'habitude de retarder volontairement la montée de l'excitation. Ce faisant, on parvient à repérer les sensations prémonitoires de l'orgasme et, avec le temps, à mieux contrôler l'éjaculation avec une partenaire.

La position d'Andromaque

Généralement utilisée pour favoriser l'orgasme chez la femme, la position d'Andromaque (issue du Käma Sütra) permet également à l'homme de maîtriser son éjaculation. Elle consiste, pour la femme, à se placer sur l'homme (couché sur le dos), les jambes pliées de chaque côté du bassin. C'est la femme, en réalité, qui prend charge des «opérations». Dans cette position, l'homme bouge peu, est plus décontracté et peut ainsi se détacher d'une excitation ne provenant que du mouvement de va-et-vient dans le vagin comme l'astreint la position du missionnaire, par exemple. En conséquence, la variété des positions et l'éventail des occupations érotiques s'offrant à la femme entraîneront son esprit loin de la peur d'éjaculer trop rapidement. La sexualité cessera alors d'être une épreuve pour lui et retrouvera son caractère ludique.

Un antirides contre l'éjaculation prématurée

Testée sur 139 hommes ayant été suivis durant six mois, cette technique s'est révélée efficace et sûre.

Une solution inédite pour résoudre les problèmes d'éjaculation prématurée semble poindre à l'horizon. En effet, des chercheurs coréens avancent que l'hyaluronique, un composé surtout utilisé pour combler les sillons d'expression et les rides, pourrait être employé sous forme d'injection pour les hommes ayant des problèmes d'éjaculation prématurée. D'après eux, ces injections permettent d'augmenter le volume du gland et, par le fait même, d'en réduire la sensibilité.

Testée sur 139 hommes ayant été suivis durant six mois, cette technique s'est révélée efficace et sûre. Selon les données recueillies, 80 % des participants ont connu une augmentation du temps avant l'éjaculation, ce dernier passant de 96 secondes à 282 secondes. En outre, le périmètre du gland aurait également augmenté, passant de 8,95 cm à 11,67 cm en moyenne. Bien que le maintien des effets à long terme reste à évaluer, les chercheurs soulignent que le traitement pourrait être encore efficace après la prise en charge, ce qui n'est pas les cas des médicaments.

L'éjaculation retardée ou absente

Lorsqu'un homme est incapable d'éjaculer, son médecin lui conseille ordinairement de se masturber manuellement devant sa partenaire, de manière qu'elle puisse, par ses caresses, l'aider à obtenir une éjaculation. Bien que bon nombre de femmes n'apprécient guère cette pratique, il demeure que ses chances de succès sont réelles et qu'elle peut rétablir l'harmonie dans le couple.

Il arrive cependant que les blocages de l'homme soient trop graves pour que cette technique fonctionne. Il est alors impératif de recourir à un sexologue ou de demander l'avis d'un médecin.

LES TROUBLES DE L'ÉRECTION

Les appareils à vide

> Le procédé semble efficace car beaucoup
> d'hommes emploient ce type d'appareils.

Les appareils à vide destinés à traiter l'insuffisance érectile existent sur le marché américain depuis 1917. Leur principe est le suivant : une érection devient possible lorsque le pénis est introduit dans une chambre à vide, ce vide étant chargé d'attirer le sang dans les corps caverneux. L'érection est ensuite maintenue à l'aide d'un anneau élastique que le sujet place à la base du pénis, empêchant ainsi la fuite du sang par les veines. Il retire ensuite le cylindre et le rapport sexuel peut avoir lieu.

Même si le sang continue d'affluer dans le pénis, il est préférable de ne pas conserver l'anneau plus d'une demi-heure pour éviter que les tissus du pénis ne soient plus oxygénés. Il est possible que des douleurs surviennent mais elles sont, en général, modérées. Cependant, les hommes souffrant d'une maladie hématologique doivent s'abstenir d'utiliser ce genre d'appareil.

Le procédé semble efficace car beaucoup d'hommes emploient ce type d'appareils. Quant au modèle – il en existe plusieurs sur le marché – , le plus populaire est celui que l'on peut manier d'une seule main. En cas de doute, il n'est pas inutile de demander l'avis d'un médecin ou d'un sexologue. Les appareils à vide sont conseillés par certains spécialistes avant que leurs patients ne se soumettent à des traitements coûteux ou à des interventions médicales plus «musclées».

LES APHRODISIAQUES NATURELS

> Plusieurs aphrodisiaques naturels possèdent des vertus éprouvées et peuvent apporter la solution désirée.

De tout temps, l'homme a tenté d'améliorer ses performances sexuelles. De philtre d'amour en philtre d'amour, d'ouï-dire en ouï-dire et d'essai en essai, la recherche du plaisir sexuel ultime, combinée à une endurance érectile hors du commun, a toujours été, ou presque, au centre de ses préoccupations. À cet égard, les aphrodisiaques de tout acabit n'ont jamais cessé de l'attirer.

Pour plusieurs, l'arrivée du Viagra a mis un point final à la recherche de l'aphrodisiaque miracle. Une simple ingestion provoquant une érection rapide et de longue durée (des millions d'hommes l'ont constatée), il devenait dès lors inutile de se tourner vers des produits dont les effets n'étaient pas réputés aussi spectaculaires. La réalité n'est pas aussi simple.

Le Viagra étant une substance synthétique (voir page 58), il n'est pas sans provoquer des effets secondaires et, cela étant, bon nombre d'hommes préfèrent recourir à des aphrodisiaques naturels. Bien qu'il faille demeurer prudent en les utilisant, plusieurs de ces aphrodisiaques naturels possèdent des vertus éprouvées et peuvent apporter la solution désirée. À cet égard, il suffit de citer le vuka-vuka, un mélange de plantes originaires du Zimbabwe, utilisé par les guérisseurs naturels de ce pays.

En revanche, la prudence est de mise en ce qui concerne la panoplie des aphrodisiaques naturels que proposent les publicités sur Internet et les boutiques spécialisées, car bon nombre de ces produits ne possèdent pas toujours les propriétés qu'on leur prête. À titre d'exemple, citons ceux auxquels on accole le mot Viagra et qui, dans la majorité des cas, ne sont qu'un pâle reflet du produit en question. Dans le même ordre d'idées, plusieurs autres produits dont on fait la promotion ne contiennent qu'une faible quantité d'un aphrodisiaque reconnu et ne peuvent en aucun cas produire les effets désirés.

Il existe pourtant des aphrodisiaques naturels qui provoquent vraiment l'érection. D'autres augmentent l'endurance tandis que quelques-uns, pourtant réputés, ne servent strictement à rien. Il y a également ceux qui agissent surtout au niveau du système nerveux central et ceux qui agissent par d'autres moyens. Il y a en outre des aliments dits aphrodisiaques et différentes façons d'atteindre un plaisir sexuel satisfaisant. Les méthodes et les produits aphrodisiaques naturels sont multiples et ce sont d'eux dont nous traiterons dans ce chapitre.

Bien entendu, l'usage de ces aphrodisiaques naturels exige lui aussi une certaine prudence car, pris à trop fortes doses, ils peuvent causer des dommages difficiles à traiter, dont certains peuvent même se révéler irréversibles.

Les aphrodisiaques naturels provoquant l'érection

> Trois aphrodisiaques seulement provoqueraient une érection rapide due à un effet de vasodilatation dans les vaisseaux du pénis.

Des dizaines de plantes et leurs constituants ainsi que des ingrédients issus du règne animal sont réputés provoquer une érection. Il faut cependant avouer que la plupart d'entre eux ne possèdent pas les propriétés qu'on leur prête. En fait, trois seulement provoqueraient une érection rapide due à un effet de vasodilatation dans les vaisseaux du pénis. Il s'agit de la cantharide ou mouche espagnole, de l'yohimbine, un alcaloïde provenant de l'écorce du tronc de quelques arbres africains et de la papavérine, un alcaloïde issu du pavot somnifère, cette dernière n'étant efficace que lorsqu'elle est injectée directement dans le corps caverneux du pénis.

La cantharide ou mouche espagnole

> Il faut utiliser la cantharide prudemment et se procurer le produit chez une personne dûment qualifiée en la matière.

Contrairement à ce que l'on pourrait croire, les aphrodisiaques naturels ne se retrouvent pas seulement dans le règne végétal, mais également dans le règne animal. Et le plus célèbre d'entre eux, la cantharide ou mouche espagnole, dont le nom latin est *Lytta vesicatoria*, peut également être le plus dangereux s'il n'est pas utilisé adéquatement. En réalité, il ne s'agit pas d'une véritable mouche, mais plutôt d'un scarabée vert émeraude. Appelé aussi *Cantharis vesicatoria*, cet insecte vit dans les régions méditerranéennes où on l'utilise comme remède ou comme aphrodisiaque.

De nombreuses recherches scientifiques au sujet de la cantharide ont eu lieu il y a plusieurs années et la substance active a été identifiée. Il s'agit d'un anhydride de nature terpénique nommé cantharidine. Selon le résultat de ces recherches, une cantharide séchée contient entre 0,5 et 1 % de cantharidine et la marge thérapeutique de la cantharidine est très ténue. De ce fait, les cas d'intoxication peuvent être nombreux si la dose prescrite n'est pas établie par une personne qualifiée, et la consommation régulière, même à faible dose, peut provoquer la néphrite (maladie inflammatoire et douloureuse du rein) et des troubles gastro-intestinaux sévères.

Dix milligrammes de cantharidine pure sont d'ailleurs considérés comme une dose fatale. Il faut donc l'utiliser prudemment et se procurer le produit chez une personne dûment qualifiée en la matière.

Les diverses préparations à base de cantharidine ne sont pas vendues en pharmacie. Elles sont offertes comme philtres d'amour dans les sex-shops, sur Internet ou vendues par correspondance. Malheureusement, aucune information concernant la qualité du produit ou la teneur en cantharidine n'est indiquée la plupart du temps. Certaines potions peuvent contenir de la cantharidine en concentration si faible qu'elles n'ont aucun effet, tandis que d'autres, en concentration trop forte, peuvent conduire à des intoxications plus ou moins sérieuses, notamment à des hémorragies du tractus urogénital et à une érection irréversible nécessitant l'intervention d'un médecin par ponction du pénis.

Encore une fois, il faut être très prudent en se servant de ce produit et s'assurer que le commerçant ou la personne qui vous le vend est digne de confiance. À cet égard, et s'il est possible de le faire, rien n'est plus sûr que le témoignage d'une personne qui l'emploie régulièrement. Elle pourra vous indiquer la marque du produit qu'elle consomme et le lieu où vous le procurer. Si cela n'est pas possible, demandez au marchand de vous procurer les noms de quelques consommateurs satisfaits et désireux de vous rassurer. S'il est vraiment sérieux, il entreprendra cette démarche sans sourciller.

L'écorce de yohimbe

Une récente étude clinique a conclu que l'écorce de yohimbe peut être une solution intéressante dans le traitement symptomatique de la dysfonction érectile.

Il existe un arbre de grande taille nommé «yohimbe» qui pousse dans les forêts tropicales de l'Afrique de l'Ouest (au Gabon, au Cameroun et au Congo surtout), dont l'écorce est réputée posséder des vertus aphrodisiaques exceptionnelles.

Les études sur le mode d'action et la pharmacologie de l'écorce de yohimbe sont nombreuses et bien que certaines contradictions existent dans la documentation scientifique et médicale au sujet de ses effets, une récente étude clinique a conclu qu'elle peut être une solution intéressante dans le traitement symptomatique de la dysfonction érectile. Mais il faut quand même se montrer prudent puisqu'elle peut conduire à des érections douloureuses, au priapisme (érection prolongée, souvent douloureuse et qui n'est pas liée à une excitation sexuelle), à des nausées, à des sueurs, à des tremblements et à des modifications du rythme cardiaque si on la consomme à fortes doses.

À l'instar de la cantharide, il est possible de se procurer de l'écorce de yohimbe dans les sex-shops, par correspondance ou par Internet. Il faut cependant demeurer prudent quant au produit que l'on achète car la teneur en yohimbine (le principe actif de la plante) n'est généralement pas indiquée sur l'étiquette. Certains produits offerts peuvent contenir une quantité de yohimbine suffisante pour provoquer une érection puissante et une augmentation de la force et du volume de l'éjaculation, tandis que d'autres n'auront aucun effet, la quantité de yohimbine n'étant pas suffisamment importante. À l'inverse, un produit peut être surdosé et provoquer une crise de priapisme. Il faut donc s'assurer que le marchand ou la personne qui vous vend le produit est digne de confiance.

Les hommes souffrant de troubles de la prostate (hypertrophie bénigne de la prostate, prostatite ou cancer de la prostate) doivent absolument éviter ce produit, car il peut avoir des effets secondaires importants, dont l'augmentation de la tension artérielle.

La papavérine

La papavérine fut la première substance injectée directement dans le pénis pour provoquer une érection.

La papavérine, de son nom latin *Papaver somniferum,* est un alcaloïde du pavot à opium. Elle est connue depuis les temps anciens pour ses vertus soporifiques et comme analgésique puissant. La papavérine joue un rôle important dans le traitement de la dysfonction érectile depuis plus de quinze ans et fut la première substance injectée directement dans le pénis pour provoquer une érection. Le procédé est simple et consiste à injecter de la papavérine dans l'un des corps caverneux du pénis, provoquant à cet endroit un relâchement des fibres musculaires. L'injection se fait à la base du pénis, directement dans le corps caverneux, et peut être pratiquée par le «patient» lui-même. Évidemment, on doit d'abord procéder à une désinfection de la peau, bien localiser l'endroit où la piqûre va être faite et injecter le produit à l'aide d'une aiguille très fine. L'opération ne cause généralement aucune douleur.

La dose de papavérine injectée doit être de l'ordre de 60 mg sous forme de chlorhydrate. L'érection se produit généralement de 10 à 20 minutes après l'injection. Le problème est qu'elle peut durer plus longtemps qu'escompté. Alors que l'effet souhaité est généralement une érection de 60 à 90 minutes, une injection à la papavérine peut la prolonger jusqu'à huit heures; on parle alors de priapisme.

Encore une fois, la prudence est de mise quant à l'utilisation d'une substance comme la papavérine. Une dose inférieure à 60 mg, soit 30 mg pour le premier essai, pourrait éviter ce genre de problème.

Le vuka-vuka

Le vuka-vuka est une préparation traditionnelle originaire d'Afrique connue des guérisseurs du Zimbabwe.

Comme il fallait s'y attendre, la popularité phénoménale du Viagra ne pouvait que susciter une réponse musclée de la part de ses concurrents sur le plan commercial et c'est exactement ce qui se produit actuellement. Le ton de certaines publicités diffusées sur Internet et par d'autres moyens le démontre fort bien. L'une d'entre elles, provenant d'une compagnie américaine, déclare : *Vuka-vuka is Africa's answer to Viagra* (Le vuka-vuka est la réponse africaine au Viagra). Mais pourquoi le vuka-vuka fait-il l'objet d'une telle affirmation ?

Le vuka-vuka est une préparation traditionnelle originaire d'Afrique connue des guérisseurs du Zimbabwe depuis très longtemps et ce, bien avant l'arrivée du Viagra. En langue *ndebele*, une des langues traditionnelles du Zimbabwe, vuka-vuka signifie «debout-debout». L'efficacité du vuka-vuka est telle, selon un journal local, qu'il pourrait être responsable d'un taux élevé de maladies transmissibles sexuellement dans une région du nom de Cheredzi. Ce journal rapporte que les ouvriers de cette région, grands consommateurs de vuka-vuka, font souvent appel à des prostituées pour assouvir l'intense besoin de relations sexuelles créé par l'absorption de vuka-vuka. Du fait de ces relations sexuelles anormalement élevées, le taux de maladies transmissibles sexuellement, dont le sida, dépasserait amplement celui des autres régions du Zimbabwe.

Mais que contient exactement cette préparation ? La composition du vuka-vuka varie et dépend du guérisseur zimbabwéen qui prépare le mélange. Selon une enquête effectuée auprès de guérisseurs possédant une échoppe au marché principal de Harare, capitale du Zimbabwe, trois plantes principales se retrouveraient en quantités égales dans la majorité des préparations. Il s'agirait d'une écorce de racine tirée du *Mondia whiteii*, de racines issues de l'*Albizzia antunesiana* et d'une écorce de tronc provenant de l'*Ozoroa insignis*. Un vuka-vuka typique contient, en plus de ces trois constituants de base, les ingrédients suivants : une écorce de tronc ou de racine tirée du *Pouzolzia hypolenca*, des racines issues de l'*Elephantorrhiza goetzi* et de l'écorce de tronc du *Cassia singueana*.

Bien que l'origine du vuka-vuka soit zimbabwéenne, les zoulous du Swaziland utilisent la même appellation pour une préparation aux propriétés aphrodisiaques à laquelle ils ajoutent de la poudre de cantharide (voir plus haut, page 75). Mélangée aux plantes, et à dose adéquate, la cantharidine provoquerait un engorgement du pénis et une érection agréable. Par contre, si la dose est trop élevée, l'érection sera inévitablement douloureuse et pourra même provoquer une crise de priapisme.

La préparation traditionnelle de vuka-vuka, offerte sur de nombreux sites Internet et dans certains sex-shops, se présente sous forme de tablettes, de gélules, de gouttes et de tisanes. À l'instar de la cantharide et de la yohimbine, les indications données par le fabricant sur la composition du produit sont soit incomplètes, soit inexistantes. Il faut donc s'assurer d'avoir affaire à des commerçants responsables et soucieux de la qualité de leurs produits.

Les aphrodisiaques augmentant l'endurance

Il arrive fréquemment que le ginseng et le guarana soient inclus dans les aphrodisiaques pouvant provoquer une érection. Dans les faits, contrairement au vuka-vuka, ce n'est nullement le cas. Par contre, il est indéniable qu'ils augmentent la résistance à la fatigue et, du même coup, permettent d'améliorer les performances sexuelles.

Le ginseng

> Les extraits de ginseng sont d'abord conseillés pour accentuer les performances, autant physiques que mentales.

Le ginseng est une plante herbacée de la famille du lierre, les araliacées. Dans le monde, aucune plante n'a atteint un tel niveau de popularité et n'a suscité autant de légendes et de mythes. Bien avant l'ère moderne, le ginseng était mentionné dans des écrits datant de 3300 ans av. J.-C. Une description détaillée de ses vertus apparaît même dans la plus ancienne pharmacopée de Shen Nong, laquelle a été révisée par Hung-Ching Tao entre 496 et 483 av. J.-C.

Le terme «ginseng» vient du chinois *jin seng* qui signifie «homme-racine». Ce nom lui fut donné parce que la forme des racines du ginseng ressemblent à un être humain. Et il semble que plus la racine a l'apparence d'un être humain, plus ses propriétés sont importantes. Le caractère anthromorphique de la plante augmentant avec l'âge, les racines plus âgées possèdent donc plus de valeur et de pouvoirs que les jeunes racines. Considéré comme un élixir de longévité dans la médecine chinoise, le ginseng fortifie les cinq viscères, c'est-à-dire le cœur, le foie, les poumons, les reins et la rate, et calme le système nerveux tout en éliminant l'anxiété.

Bien que le ginseng ait été cité dans les temps anciens comme un aphrodisiaque provoquant l'érection (et peut-être encore aujourd'hui dans certaines publicités mensongères), la résistance à la fatigue demeure l'indication principale des préparations à base de ginseng. Les extraits de ginseng sont d'abord conseillés pour accentuer les performances, autant physiques que mentales.

Nous pouvons donc nous demander si le ginseng est un aphrodisiaque. Pas si on lui attribue des propriétés provoquant l'érection comme celles du Viagra, du vuka-vuka, de la yohimbine ou de la cantharide. Car même si un homme absorbe des doses élevées de ginseng, ses effets seront nuls au niveau de l'érection. Par contre, parce qu'il permet d'accroître la résistance à la fatigue physique, il peut contribuer à améliorer les performances sexuelles.

Posologie :

La dose quotidienne recommandée se situe entre 500 mg et 2 g de racines sous forme de capsules ou en décoction. Faites bouillir de 1 à 2 g de racines dans 150 ml d'eau pendant 10 à 15 minutes.

Contre-indication :

Le ginseng est déconseillé aux femmes enceintes, aux enfants, aux personnes souffrant d'hypertension artérielle ou d'un cancer hormonodépendant.

Le gingko biloba

En traitement plus ou moins prolongé, selon la gravité du cas, il améliore l'irrigation tissulaire et favorise l'érection.

Le ginkgo biloba, la plus ancienne des espèces arboricoles connues, peuplait déjà la planète il y a 300 millions d'années. D'une exceptionnelle résistance aux stress environnementaux, il peut vivre jusqu'à 1000 ans et atteindre de 40 à 50 mètres de hauteur. En outre, il résiste bien à la pollution et s'adapte facilement aux milieux urbains.

Les vertus du gingko biloba sont multiples. Il améliore la mémoire et les fonctions cognitives des jeunes, atténue les symptômes du syndrome prémenstruel des femmes, contribue à freiner la dégénérescence maculaire, améliore l'audition, combat le trouble du déficit de l'attention ou de l'hyperactivité (combiné au ginseng), prévient le mal des montagnes et, plus important encore dans le cas qui nous préoccupe, il permet de rétablir une réaction érectile.

Vendu en pharmacie ou dans les magasins de produits naturels, le gingko biloba, riche en flavonoïdes, est un puissant vasoconstricteur veineux et un vasodilatateur artériel. En traitement plus ou moins prolongé, selon la gravité du cas, il améliore l'irrigation tissulaire et favorise l'érection.

Posologie :

La dose quotidienne recommandée de gingko biloba se situe entre 120 mg à 240 mg.

Contre-indication :

Il est déconseillé aux femmes enceintes et aux personnes souffrant d'hémophilie ou qui s'apprêtent à subir une intervention chirurgicale.

Le guarana

Le guarana ne peut pas provoquer une érection «instantanée».

Le guarana, nom donné par les Indiens de l'Amazonie brésilienne, est une poudre obtenue à partir de graines grillées provenant d'une liane tropicale, la *Paullinia cupana*.

Depuis quelques années, plusieurs préparations énergisantes à base de guarana ont fait leur apparition sur le marché sous forme de boissons toniques gazéifiées, de gommes à mâcher, de tablettes, de capsules ou d'ampoules buvables, toutes disponibles dans les supermarchés, les dépanneurs, les pharmacies ou les boutiques de produits diététiques. On l'associe également à d'autres substances et il est vendu comme produit aphrodisiaque, principalement sur Internet ou dans les sex-shops.

Des études scientifiques effectuées sur le guarana ont montré que cette poudre contient de la caféine en concentration très élevée, soit environ cinq fois plus que les grains de café. De toutes les plantes contenant de la caféine, la *Paullinia cupana* est certes la championne toutes catégories. À titre de comparaison, un verre de boisson à base de guarana peut contenir jusqu'à 900 mg de caféine, tandis qu'une tasse de café en contient entre 40 et 100 mg et un verre de Coca-Cola 40 mg.

Selon des spécialistes, l'effet de la caféine du guarana serait différent de celui de la caféine pure. Contrairement à cette dernière qui agit après quelques minutes d'ingurgitation, celle que contient la poudre de guarana aurait des effets pouvant durer jusqu'à six heures et produirait une sorte d'effet différé. Selon eux, cette différence serait liée à l'amidon, à l'albumine et aux divers tanins que contient la poudre de guarana. Quoi qu'il en soit, la consommation de guarana produit, grosso modo, les mêmes effets que la caféine pure, soit une action sur le système nerveux central se manifestant par une stimulation de l'état d'éveil et une réduction de l'état de fatigue.

Bien que certaines publicités puissent l'affirmer, il ne faut pas croire que le guarana est un aphrodisiaque miracle puisqu'il ne peut pas provoquer une érection «instantanée». Par contre, consommé à des doses raisonnables et de façon non régulière, son action peut contribuer à augmenter l'endurance et à diminuer la sensation de fatigue.

Les plantes aphrodisiaques agissant sur le système nerveux central

Bon nombre de plantes vantées pour leurs vertus aphrodisiaques agissent en fait au niveau du système nerveux central et produisent des hallucinations, parfois même des rêves érotiques. Elles peuvent aussi provoquer une excitation sexuelle chez la femme et induire une érection chez l'homme. La plupart méconnues par une grande partie de la population nord-américaine, ces plantes n'en sont pas moins à caractère aphrodisiaque dans une certaine mesure et peuvent contribuer à améliorer les performances sexuelles.

La mandragore

> Depuis la nuit de temps, la mandragore a éveillé la curiosité de l'homme et inspiré plusieurs légendes et récits.

La mandragore, de son nom latin *Mandragora officinarum*, est une plante passablement répandue autour du bassin méditerranéen. Depuis la nuit de temps, elle a éveillé la curiosité de l'homme et inspiré plusieurs légendes et récits, dont l'un des plus célèbres est certes celui de la naissance de Joseph relatée dans la Bible. On y raconte que Rachel, épouse de Jacob, incapable de devenir enceinte, consomma une préparation à base de mandragore dans l'espoir que ses vœux se réalisent. Et grâce à ce traitement qui lui fut recommandé par sa sœur Léa, Rachel enfanta Joseph quelque neuf mois plus tard. Cet événement rendit la mandragore célèbre et le *Cantique des Cantiques* ne tarit pas d'éloges à l'égard de «cette plante dont l'odeur seule suffit à réveiller le désir».

Outre l'excitation mentale provoquée par l'action de la scopolamine qu'elle contient, la mandragore possède également des vertus thérapeutiques. Par sa composition chimique, elle est notamment sédative (elle calme la douleur et réduit l'anxiété), antispasmodique, anti-inflammatoire (en cataplasme), hypnotique et hallucinogène, à dose modérée. Elle peut cependant être toxique si on la consomme à forte dose.

La stramoine

> On utiliset la stramoine sous forme d'onguent que l'on applique sur les zones de transpiration du corps.

Proche de la mandragore, la stramoine, de son nom latin *Datura stramonium*, dégage une odeur âcre désagréable. Elle est d'origine asiatique et fut introduite en Europe au cours du XVIe siècle.

Consommée à faible dose, on la considère comme un aphrodisiaque et un hallucinogène, mais elle peut être mortelle si ses graines et ses fruits sont pris à dose toxique, ceux-ci provoquant une insensibilité totale et une mort pratiquement indolore. Par contre, et malgré leur très grande toxicité, les préparations à base de stramoine peuvent être utilisées à d'autres fins, notamment comme médicaments très efficaces et, bien sûr, comme aphrodisiaques.

La stramoine a fait l'objet de nombreuses investigations phytochimiques se caractérisant toutes par la présence de divers alcaloïdes parmi lesquels figurent la hyoscyamine, l'atropine et la scopolamine. Les deux premiers alcaloïdes sont très toxiques, mais comme ils se dissolvent mal dans le gras, ils sont faiblement absorbés par l'organisme. En revanche, la scopolamine est beaucoup moins toxique, se dissout davantage dans le gras et de ce fait est plus aisément absorbée par l'organisme, via les conduits de la transpiration et les orifices corporels tapissés de muqueuses.

On utilise généralement la stramoine sous forme d'onguent que l'on applique sur les zones de transpiration du corps (par exemple, sous les aisselles) ou dans des orifices du corps comme le vagin ou le rectum.

Le kawa

> Une dose de kawa trop importante peut causer un état d'agitation et d'agressivité et une humeur querelleuse.

Depuis quelques années, de nombreux produits à base d'extraits de kawa, de son nom latin *Piper methysticum*, ont fait leur apparition sur le marché européen, notamment en Allemagne. L'origine de cette plante remonte à des temps anciens et elle était surtout utilisée par les populations des îles du Pacifique Sud, jouant un rôle unique dans la vie sociale de ces communautés.

La préparation traditionnelle du kawa débutait par la mastication de rhizomes frais par des hommes réunis en demi-cercle, qui crachaient ensuite leur bouchée dans un récipient, salive comprise. De l'eau chaude était ensuite versée sur la masse produite dont on obtenait un breuvage nommé kawa-kawa, après filtration. Par la suite, des règles d'hygiène prévalurent et l'imprégnation salivaire fut peu à peu remplacée par une simple cuisson à l'eau chaude. Il faut toutefois préciser que les enzymes de la salive jouaient sans doute un rôle d'une certaine importance pour libérer les ingrédients actifs de la plante. En général, la dose consommée par chaque individu correspondait au contenu d'une demi-noix de coco, ce qui provoquait chez le consommateur un état de bien-être doublé d'une diminution de la fatigue. Si la dose était légèrement supérieure, le sujet parvenait à un repos tranquillisant et au sommeil dans certains cas. Une dose trop importante peut cependant causer un état d'agitation et d'agressivité et une humeur querelleuse à l'image de celle d'un individu en état d'ébriété.

Selon les recherches et les analyses scientifiques effectuées sur le kawa, il s'avère que les rhizomes de la plante contiennent des dérivés de l'α-pyrone que l'on a nommé kawalactones. Ces substances possèdent des propriétés tranquillisantes et peuvent aussi calmer la douleur. Il existe d'ailleurs des médicaments disponibles en pharmacie qui sont recommandés pour calmer l'anxiété ou la tension nerveuse.

Mais le kawa peut-il être aussi considéré comme un aphrodisiaque ? Il peut l'être si l'on considère l'anxiété que ressentent certains hommes en rapport avec la qualité de leurs performances sexuelles, un homme détendu ayant davantage de chances d'être un meilleur amant pour sa partenaire. Il va sans dire que la règle s'applique également aux femmes.

Il faut être prudent, car d'autres substances qui agissent sur le système nerveux central, comme l'alcool, les benzodiazépines, les barbituriques et les psychotropes peuvent renforcer l'effet du kawa. Conséquemment, un homme ayant consommé de l'alcool et du kawa dans une même soirée risque de se retrouver davantage dans les bras de Morphée que dans ceux de sa partenaire... En outre, une dose exagérée de kawa peut causer des troubles hépatiques graves.

Enfin, une utilisation différente du kawa pourrait certainement plaire à un couple d'amants. En effet, selon certains spécialistes, une femme peut facilement atteindre l'orgasme grâce à un usage local du kawa. Il suffit que l'homme mâche longuement un morceau de résidu solide de l'extraction du kawa dans l'eau chaude et qu'il stimule le clitoris de sa partenaire avec sa langue. Toujours selon ces spécialistes, les substances contenues dans la salive de l'homme exciteront délicieusement les nerfs avoisinant le clitoris et la femme éprouvera des orgasmes profonds et intenses.

Des aphrodisiaques prometteurs

Certaines plantes ou produits d'une plante sont réputés aphrodisiaques, mais il est difficile de leur accorder ce statut, les propriétés qu'on leur prête n'ayant pas encore été sérieusement testées. Cela ne signifie pas qu'elles doivent être complètement ignorées puisqu'elles sont utilisées par un grand nombre de personnes à plusieurs endroits sur la planète.

Le bois bandé

> On peut appliquer le bois bandé
> directement sur le pénis quelques minutes
> avant un rapport sexuel.

Considérant un tel nom, il y a lieu de croire qu'on ne le lui a pas attribué pour rien... Sous ces termes évocateurs, on reconnaît une écorce de troncs de divers arbres des régions tropicales dont le plus important est le *Roupala montana*. Cet arbre de grande taille pousse dans les forêts des différentes îles de la mer des Antilles. Les habitants des Antilles utilisent son écorce depuis des siècles en la faisant macérer longtemps dans l'eau. Le breuvage ainsi obtenu a un goût épicé et plutôt amer. On peut aussi l'appliquer directement sur le pénis quelques minutes avant un rapport sexuel. Selon certains utilisateurs, le bois bandé accélère le rythme cardiaque tout en aiguisant l'appétit sexuel. En outre, il peut être indiqué pour les représentants des deux sexes puisqu'il combattrait autant l'impuissance que la frigidité.

En raison du peu d'expériences scientifiques effectuées jusqu'à présent pour connaître la composition chimique de cette plante, personne ne peut affirmer que ses effets sont réels, mais de nombreux consommateurs ont attesté son efficacité...

Le catuaba

> Dans la médecine traditionnelle brésilienne, on considère le catuaba comme un stimulant du système nerveux central ayant des vertus aphrodisiaques.

Il semble que la forêt brésilienne ait beaucoup à offrir en matière d'aphrodisiaques naturels puisqu'un autre végétal, un arbre celui-là, semble posséder des vertus pour traiter l'impuissance chez l'homme. Il s'agit du catuaba, un arbre bien connu des Tupi, un peuple indigène du Brésil qui l'estime pour ses propriétés aphrodisiaques depuis des générations. Ils préparent l'écorce comme on le ferait avec du thé. Sa consommation entraînerait une montée immédiate de la libido et de l'humeur.

Dans la médecine traditionnelle brésilienne, on considère le catuaba comme un stimulant du système nerveux central ayant des vertus aphrodisiaques. À ce titre, il est considéré comme efficace, mais on l'emploie aussi pour traiter d'autres troubles nerveux comme l'insomnie, l'hypocondrie et la douleur causée par le système nerveux central. En Europe, le catuaba est reconnu comme un excellent stimulant, contrer l'épuisement et la fatigue générale en plus d'être efficace pour traiter l'insomnie causée par l'hypertension ou l'agitation, ou pour empêcher les pertes de mémoire. En outre, il agit comme aphrodisiaque autant pour l'homme que pour la femme.

Le catuaba et ses produits dérivés sont disponibles sur Internet et dans la plupart des magasins d'articles érotiques.

Les plantes africaines

Les différentes enquêtes ayant été effectuées auprès des guérisseurs africains au sujet des plantes médicinales de ce continent mentionnent une multitude d'espèces utilisées pour le traitement de l'impuissance chez l'homme et de l'asthénie sexuelle en général. Bien évidemment, il ne s'agit pas de prétendre ici que l'homme africain a besoin de stimuli artificiels pour agir sur sa libido, mais dans des pays où les problèmes économiques, sanitaires et autres sont presque endémiques, beaucoup d'hommes sont affaiblis et diminués.

Outre la yohimbine et le vuka-vuka dont il a été question précédemment, une enquête ethno-pharmacologique portant sur les plantes, les épices et les parfums utilisés en Afrique, notamment au Cameroun, a révélé, en plus des plantes déjà connues pour leurs effets aphrodisiaques, quelques espèces semblant posséder des vertus intéressantes pour traiter différents problèmes sexuels, dont la dysfonction érectile. Bien qu'aucun résultat n'ait encore été rendu public, il y a lieu de croire à des découvertes encourageantes.

Dans le même ordre d'idées, le Dr Drissa Diallo, de l'Institut national de recherche en santé publique du Mali, et ses collaborateurs ont réalisé des analyses sur des plantes traditionnellement reconnues pour le traitement de la stérilité et de l'impuissance chez l'homme, et ont constaté qu'elles offrent des perspectives plus qu'intéressantes. Parmi les plus prometteuses, retenons, de leur nom latin, *Gardenia ternifolia*, *Securinega virosa*, *Tamarindus indica* et *Prosopis africana*. Selon le Dr Diallo, l'écorce de cette dernière provoque un effet rapide comparable à celui du yohimbe.

Les aphrodisiaques qui n'en sont pas

> Aussi loin que l'on remonte dans l'histoire, l'homme a consommé le pénis de maintes espèces animales, en croyant qu'il lui prodiguerait une puissance sexuelle inégalée.

Certaines plantes, fruits ou encore certaines parties du corps d'un animal ont la réputation d'être aphrodisiaques depuis longtemps simplement parce que leur forme évoque un organe génital. Parmi les plantes aux pouvoirs aphrodisiaques douteux, on peut citer l'orchidée qui, selon les Grecs, possédait des vertus aphrodisiaques en raison de la beauté de ses fleurs et surtout à cause de ses deux tubercules qui font penser à deux testicules. *Orchis* signifie d'ailleurs en grec «testicule» et «orchite» est le terme médical désignant une inflammation des testicules. Il n'est pas utile de manger des bulbes d'orchidée pour améliorer sa virilité, l'effet sera tout simplement nul.

Plusieurs plantes ont un organe qui ressemble à l'organe sexuel mâle, qu'il s'agisse du fruit ou de la racine. Ainsi, les fruits de l'arbre à saucisses sont considérés dans certaines régions africaines comme des aphrodisiaques dont on se sert couramment pour traiter les maladies vénériennes de l'homme. Ils ont même la réputation d'allonger le pénis. Ces facultés surprenantes seraient-elles dues au fait qu'ils évoquent un organe sexuel masculin ? Certainement pas... Quant au coco-de-mer, appelé également coco-fesse, il rappelle sans équivoque une paire de fesses de femme noire. Il a la réputation d'être un aphrodisiaque mais, dans les faits, il n'en est rien. Sa forme suggestive provoquera tout au plus une excitation sexuelle chez certains mâles en quête de plaisirs charnels. Dans le même ordre d'idées, les carottes, les asperges ou tout autre légume de forme allongée profiteraient des mêmes propriétés. Encore là, il ne peut s'agir que de balivernes.

Les animaux ne sont malheureusement pas en reste et souffrent de la croyance populaire lorsqu'il s'agit de leur prêter des vertus aphrodisiaques. Aussi loin que l'on remonte dans l'histoire, l'homme a consommé le pénis de maintes espèces animales, en croyant qu'il lui prodiguerait une puissance sexuelle inégalée. Encore une fois, les individus qui comptent acquérir une virilité renouvelée de cette manière risquent d'être déçus, car rien de ce qu'ils souhaitent ne se produira et le pauvre animal aura été sacrifié pour rien. Cela s'applique bien sûr à la corne du rhinocéros qui évoque, selon certains, un organe sexuel mâle en érection.

La liste de ce genre de banalités est longue et il est bien inutile d'en dire plus, si ce n'est qu'il vaut mieux se fier aux substances que contient un aphrodisiaque si l'on veut profiter de ses effets.

Les aphrodisiaques dans l'alimentation

De nombreux aliments sont réputés aphrodisiaques et la documentation qui leur est consacrée est de plus en plus abondante. Même s'ils ne sont pas tous aussi puissants que le vuka-vuka ou la yohimbine mentionnés précédemment, certains méritent une attention particulière.

Les légumes du plaisir

> C'est la présence de phéromones, cette même substance chimique qui conditionne le comportement sexuel humain, qui confère au céleri ses vertus réputées aphrodisiaques.

Parmi les légumes, le céleri a la réputation d'avoir des propriétés aphrodisiaques particulières et ce, depuis l'Antiquité. Dans la médecine à base d'ingrédients naturels, le céleri est utilisé pour favoriser l'élimination rénale d'eau grâce aux polyphénols divers qu'il contient, ainsi que les sucres, acides aminés et coumarines. Il est donc un légume très sain aux vertus légèrement diurétiques et laxatives. Ses feuilles renferment d'ailleurs une huile essentielle particulièrement odorante et stimulante qui, d'après certains experts, éveillerait le désir sexuel.

C'est la présence de phéromones, cette même substance chimique qui conditionne le comportement sexuel humain, qui lui confère ses vertus. Cette découverte est l'œuvre des scientifiques allemands R. Claus et H.O. Hoppen qui, captivés par leurs observations, ont effectué des analyses similaires sur d'autres légumes comme le fenouil, le persil, la pomme de terre et la carotte, pour en arriver à la conclusion que le céleri était le seul dans sa catégorie à posséder cet attrait sexuel.

Même s'il ne contient pas de phéromones comme le céleri, le fenouil a néanmoins une réputation similaire que l'on attribue à son action diurétique. Une dysfonction des reins et de la vessie pouvant être inhibitrice de la libido, la consommation de fenouil peut y remédier et redonner de la vigueur au désir sexuel. En outre, l'huile essentielle contenue dans ce dernier est un stimulant du système nerveux.

Dans la même catégorie que le fenouil, on retrouve l'asperge qui, dotée des mêmes caractéristiques diurétiques, pourrait également être considérée comme un légume aphrodisiaque. À noter que sa forme phallique n'a rien à y voir...

Même si les vertus aphrodisiaques de l'ail n'ont pas encore été démontrées scientifiquement, il possède tout de même une réputation de longue date à cet effet, en plus d'être reconnu comme un stimulant efficace. C'est dans un texte de l'historien grec Hérodote que l'on retrouve une des premières mentions de l'utilisation de l'ail comme stimulant et tonique. Ces écrits révèlent que sur la pyramide de Chéops, on aurait gravé les sommes dépensées pour approvisionner en ail et en oignon les ouvriers constructeurs de la pyramide dans le but de leur fournir de l'énergie. De même, chez les Grecs, les officiers donnaient de l'ail à leurs soldats avant l'attaque pour s'assurer de leur vigueur au combat. En Inde, un onguent à base d'ail et de graisse est appliqué sur le sexe des hommes pour provoquer et maintenir une érection puissante. Cette pommade causerait une irritation au gland ainsi qu'un afflux sanguin.

La truffe et autres champignons

> Selon deux scientifiques allemands,
> la truffe noire contiendrait une substance
> volatile d'une structure proche
> de celle de la testostérone.

Pour leur part, les champignons, probablement en raison de leur forme phallique, ont longtemps été considérés comme ayant des propriétés aphrodisiaques. Une espèce de champignon a d'ailleurs reçu le nom de *Phallus impudicus* parce qu'il ressemble étrangement à un pénis orné d'un gland en érection. D'autres champignons, dont l'amanite tue-mouche, sont considérés comme aphrodisiaques, mais le plus célèbre d'entre tous est sans contredit la truffe, le champignon dont on a tant vanté les vertus.

Mais que contient la truffe qui justifie cette réputation? En réalité, il existe deux espèces distinctes de truffes, la truffe blanche ou *Tuber magnatum* et la truffe noire ou *Tuber melanosporum*. Selon les travaux des deux scientifiques allemands cités plus haut, la truffe noire contiendrait une substance volatile d'une structure proche de celle de la testostérone appelée 5α-androst-16én-3αol ainsi que deux substances analogues. Or, il existe vraisemblablement un lien avec la sexualité humaine puisque les trois substances précitées sont également présentes dans les testicules de l'homme avant de migrer dans les glandes sudoripares axillaires, soit sous les aisselles où elles sont évacuées sous forme de sueur. Il semble que cette odeur attire la plupart des femmes.

Un autre champignon, le shiitake, de son nom latin *Lentinus edodes*, est vénéré au Japon et en Chine pour ses propriétés aphrodisiaques en plus d'être très estimé pour ses qualités nutritives. Réputé pour stimuler le système immunitaire et retarder le vieillissement des cellules, ce champignon possède une substance de structure très complexe, le lentinane (un polysaccharide) qui, associée avec une autre substance antitumorale, serait très efficace pour le traitement du cancer de l'estomac.

Les épices

LE POIVRE

L'épice la plus célèbre et certainement la plus utilisée dans le monde est le poivre. Il fut introduit en Europe à l'époque d'Alexandre le Grand (356-323 av, J.-C.), qui connut son existence lors de la conquête du Punjab, une province de l'Inde actuelle. Encore aujourd'hui en Inde, on suggère aux hommes âgés de consommer quotidiennement un verre de lait avec six grains de poivre noir écrasés pour leur assurer une nouvelle jeunesse en termes d'énergie sexuelle.

Qu'il soit noir, vert ou blanc, le poivre contient des substances comme la pipérine et la pipéridine qui augmentent la capacité d'absorption intestinale et facilitent la digestion, ce qui peut améliorer sensiblement les performances sexuelles. La pipérine est également un léger dépresseur du système nerveux central. Les Arabes utilisaient les vertus aphrodisiaques du poivre en en mastiquant quelques grains pour ensuite se frotter vigoureusement le pénis avec la salive obtenue quelques instants avant un rapport sexuel. Du poivre en poudre était également mélangé avec du miel et appliqué sur le gland du pénis. On raconte que la taille du pénis pouvait prendre des proportions surprenantes et favoriser l'orgasme de la femme.

Le poivre de Cayenne, également appelé chili, piment ou tabasco, posséderait lui aussi des qualités aphrodisiaques. On explique ce phénomène par l'irritation qu'il provoque dans le système digestif et surtout dans le système urinaire lorsqu'on l'utilise par voie interne, ce qui pourrait à la rigueur faciliter l'érection. Il est également employé comme stimulant en usage externe, mais la prudence est de mise. À cette fin, on laisse macérer quelques piments coupés dans de l'huile d'olive qu'on utilise ensuite pour masser le pénis et le scrotum de l'homme et le clitoris et la vulve de la femme. Il agit comme révulsif local qui provoque un afflux de sang dans les parties massées. Mais, encore là, il faut se montrer prudent, certaines muqueuses étant fort délicates...

LE GINGEMBRE

> Parmi les épices aphrodisiaques connues,
> le gingembre est certes
> celle qui a la meilleure réputation.

Parmi les épices aphrodisiaques connues, le gingembre est certes celle qui a la meilleure réputation. Par voie externe, on recommande de mâcher du rhizome de gingembre coupé en lamelles et d'utiliser ensuite la salive pour masser le gland du pénis. Cela a pour effet de dilater les vaisseaux sanguins du pénis, ce qui favorise l'érection. De plus, il semble que la femme apprécie davantage la pénétration lorsque le pénis de son partenaire est enduit de cette potion. Selon la tradition indienne, il est recommandé de mélanger du jus de gingembre avec du miel et un jaune d'œuf. Prise durant une période d'un mois, cette préparation aurait pour effet d'augmenter l'énergie sexuelle.

La médecine chinoise recommande une autre façon d'utiliser le gingembre pour le traitement de l'impuissance chez l'homme. Il s'agit de peler un morceau de gingembre, de le griller rapidement à la braise et de l'enfoncer dans l'anus. Il semble que l'effet soit immédiat. Il y a d'ailleurs une citation amusante à cet effet, relevée dans un livre traitant des propriétés aphrodisiaques des épices et qui trouverait son origine au temps des maquignons (marchands de chevaux ou de bovins) : «Si l'on introduit un bon morceau de gingembre dans le rectum de la pire des carnes, on verra celle-ci partir au galop en relevant la queue avec une élégance inhabituelle. Cette ruse a trompé, dit-on, plus d'un acheteur, mais n'abusera pas nos lecteurs avertis !»

CARDAMOME, CANNELLE, MUSCADE, CLOU DE GIROFLE, SAFRAN

> Une préparation à base de muscade est très
> efficace et favorise agréablement un
> rapport sexuel lorsque le sexe de l'homme
> et de la femme en est enduit.

Issue de la même famille que le gingembre, la **cardamome** est originaire du Sri Lanka et sa réputation d'aphrodisiaque remonte à aussi loin que l'Antiquité. Ce sont les graines de cette plante qui lui procurent cette propriété car elles contiennent une huile essentielle stimulante, propre à favoriser l'excitation sexuelle.

Provenant de la même région, la **cannelle**, une autre épice stimulante, est un aphrodisiaque notoire depuis que l'amour existe. À preuve, les amours de Tristan et Yseult auraient été favorisées par la cannelle, ajoutée au philtre d'amour qu'ils burent. Riche en fer et en calcium, elle est tonique et son huile essentielle contient du cinnamaldéhyde et de l'eugénol, deux substances favorisant la digestion et la spermatogenèse chez l'homme. Son activité sur les zones érogènes de l'être humain est similaire à celle des hormones.

Une autre épice fort appréciée des amoureux est la **noix de muscade**, qui provient du muscadier, de son nom latin *Myristica fragans*, originaire des îles Moluques. La muscade fut par la suite introduite dans différents pays comme l'Île Maurice, la Malaisie et l'Indonésie. L'huile essentielle qu'elle contient est très aromatique et exerce un effet anti-agrégant plaquettaire en plus de favoriser la digestion. Il vaut mieux l'utiliser en usage externe car de trop fortes doses peuvent provoquer une intoxication. Une préparation à base de muscade est très efficace et favorise agréablement un rapport sexuel lorsque le sexe de l'homme et de la femme en est enduit.

Toujours dans les épices, le **clou de girofle**, bouton floral du giroflier, de son nom latin *Syzygium aromaticum*, est originaire des îles Moluques, et traditionnellement cultivé en Tanzanie, à Madagascar et en Indonésie. Son odeur particulière et sa saveur brûlante stimulent les sens et excitent, semble-t-il, les terminaisons nerveuses du sexe de l'homme et de la femme.

Considérons une dernière plante dont les stigmates séchés des fleurs donnent le safran. Originaire de l'Inde, le **safran** est reconnu depuis des millénaires pour redonner de la puissance sexuelle aux hommes âgés. Le safran possède la réputation d'être un aphrodisiaque efficace autant pour l'homme que pour la femme, surtout si cette dernière souffre de frigidité causée par des accouchements rapprochés. La prudence est cependant de mise car, à dose trop élevée, le safran peut être toxique.

D'autres aliments aphrodisiaques

D'autres aliments sont des aphrodisiaques naturels, dont le **chocolat**. L'effet qu'il procure serait causé par le cacao qui possède des substances propres à stimuler le système nerveux central. Dans la même catégorie, le **miel** et ses produits dérivés comme la **gelée royale** sont également considérés comme des aliments aphrodisiaques, de même que les **viandes rouges** et certains **gibiers**, sans oublier les testicules de certaines espèces, très recherchés par les peuples asiatiques.

Plus loin de nous, bien qu'il soit difficile d'expliquer scientifiquement le phénomène, mentionnons qu'une libido défaillante est souvent traitée en Asie, notamment au

Vietnam et en Malaisie, par le sang frais de divers serpents. Que ce soit à Hanoi ou à Hô Chi Minh-Ville (l'ancienne Saigon), on trouve des restaurants réputés qui offrent du sang frais de serpent accompagné d'alcool de riz très fort. Généralement, le serpent est saigné devant le client qui le boit aussitôt... servi! Et il semble que l'érection qui s'ensuit quelques instants plus tard peut durer plusieurs heures.

Conclusion

Pour quiconque veut éviter les médicaments synthétiques ou une intervention médicale pour traiter le problème sexuel auquel il fait face, le recours à une solution naturelle est une avenue à considérer. Si les effets positifs d'une telle approche ne sont pas toujours aussi rapides que l'on pourrait le souhaiter, comme c'est le cas du Viagra, il n'en demeure pas moins qu'elle offre, dans la plupart des cas, un avantage indéniable : l'absence d'effets secondaires.

Il va de soi que cela exige un minimum de persévérance et quelques efforts supplémentaires.

Index

Table des matières

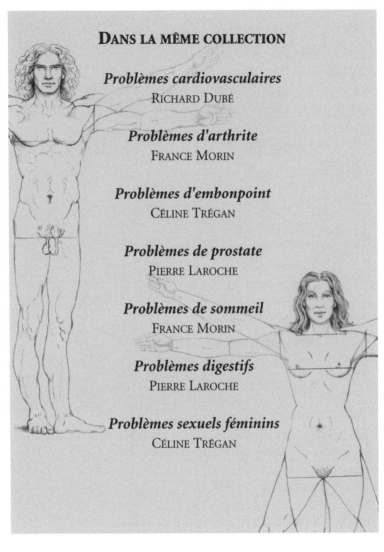

DANS LA MÊME COLLECTION

Problèmes cardiovasculaires
RICHARD DUBÉ

Problèmes d'arthrite
FRANCE MORIN

Problèmes d'embonpoint
CÉLINE TRÉGAN

Problèmes de prostate
PIERRE LAROCHE

Problèmes de sommeil
FRANCE MORIN

Problèmes digestifs
PIERRE LAROCHE

Problèmes sexuels féminins
CÉLINE TRÉGAN

Voir la description de chaque livre

Plusieurs moyens naturels peuvent prévenir les maladies cardiovasculaires et en atténuer les effets.

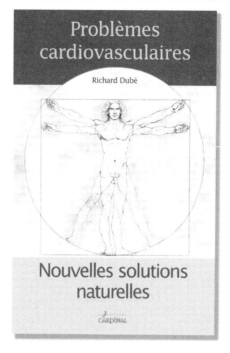

Chaque année, dans les pays industrialisés, des dizaines de milliers de personnes sont victimes de maladies cardiovasculaires. Grâce aux progrès de la médecine, les personnes atteintes de l'une ou l'autre de ces maladies peuvent voir leur espérance de vie augmenter et jouir d'une bonne qualité de vie, mais il leur faut prendre plusieurs précautions.

Il existe plusieurs moyens tout à fait naturels pour prévenir les maladies cardiovasculaires ou maximiser l'efficacité des traitements que propose la médecine traditionnelle. En plus d'être utiles, ces solutions sont dépourvues des effets secondaires indésirables que provoquent les médicaments.

Ce livre présente un tour d'horizon de ces moyens, tout en répondant aux questions que vous vous posez sans doute sur les divers traitements offerts.

Des solutions naturelles ont permis à des milliers de personnes souffrant d'arthrite de soulager leurs douleurs.

Si vous avez atteint la cinquantaine et que vous n'avez jamais souffert de douleurs articulaires, il y a peu de chances que vous soyez épargné par l'arthrose, la plus répandue des maladies arthritiques. On compte environ une centaine de ces maladies dont les formes les plus courantes, celles auxquelles nous nous intéressons dans ce livre, sont la polyarthrite rhumatoïde et l'arthrose. Or, la médecine les considère toujours comme incurables et n'a que peu de solutions à offrir aux personnes qui en souffrent.

Il existe pourtant plusieurs traitements naturels capables d'en soulager les douleurs et, dans certains cas, de les faire disparaître complètement. Parmi celles-ci, ce livre vous propose deux approches expérimentées par des médecins américains, qui ont donné des résultats surprenants. Il vous présente en outre un éventail de moyens vraiment naturels, plantes, suppléments alimentaires et méthode antistress, qui ont apporté à des arthritiques la détente et le soulagement auxquels ils aspiraient.

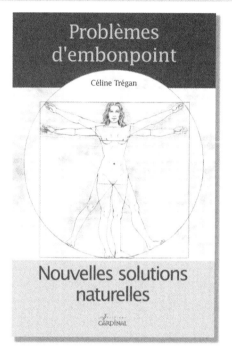

Au cours des dernières années, l'obésité a pris l'ampleur d'un phénomène mondial inquiétant et les gouvernements de plusieurs pays ont entrepris de la vaincre. Cette maladie qui génère plusieurs problèmes de santé réduit l'espérance de vie. Dans les pays industrialisés, nous sommes atteints de surconsommation aiguë, nous avons accès à un choix inégalé de produits alimentaires, nous manquons de temps pour les préparer, et nous mangeons trop et de plus en plus mal.

Ce livre offre une information éclairée sur ce que sont les problèmes de surpoids et d'obésité, sur les risques qu'ils nous font courir, sur ce que nous consommons réellement dans notre alimentation et sur les divers régimes minceur qui nous incitent à perdre du poids sans discernement. L'auteure nous invite à faire des choix plus sains et nous montre comment établir une relation vraiment harmonieuse entre notre corps et la nourriture que nous lui donnons.

Problèmes
de prostate

Pierre Laroche

Nouvelles solutions
naturelles

ÉDITIONS
CARDINAL

L'hypertrophie bénigne de la prostate, ou HBP, affecte plus de la moitié des Canadiens dans la soixantaine. Le cancer de la prostate, le plus répandu chez les hommes après le cancer de la peau, inquiète lui aussi. Et la prostate, cette petite glande relativement méconnue, peut faire l'objet d'infections ou d'inflammation (prostatite).

La médecine classique offre surtout des médicaments et des traitements chirurgicaux en réponse à ces problèmes, mais il existe aussi de nombreux moyens naturels pour les prévenir et les traiter. Certaines plantes, comme les baies du chou palmiste nain, l'ortie et le prunier d'Afrique, peuvent soulager des symptômes de l'HBP.

Ce livre répond à plusieurs questions que bien des hommes se posent, tout particulièrement à propos du contrôle urinaire et de l'impuissance associés aux problèmes de prostate. Il propose en outre une gamme de solutions naturelles, qui constituent autant de choix différents des traitements conventionnels ou qui améliorent l'efficacité de ces derniers.

Un sommeil de qualité est indispensable à la santé.

Problèmes
de sommeil

France Morin

Nouvelles solutions
naturelles

CARDINAL

Se retourner dans son lit sans pouvoir trouver le sommeil est une situation désagréable qui, lorsqu'elle se répète nuit après nuit, devient une véritable épreuve. Car elle entraîne de la fatigue, un manque de concentration, de l'irritabilité et des sautes d'humeur qui finissent par peser lourdement sur la santé. Et c'est sans compter des éléments perturbateurs encore plus menaçants pour l'équilibre nerveux.

Si vous êtes aux prises avec de fréquents épisodes d'insomnie ou qu'un problème organique vous empêche de dormir, ce livre est pour vous. Vous y découvrirez nombre de plantes qui peuvent remplacer avantageusement les somnifères sans causer d'effets secondaires, ainsi que des techniques douces et des méthodes qui ont fait leurs preuves pour vaincre l'angoisse qui accompagne bien souvent l'insomnie. Accordant une place de choix au sommeil de l'enfant et de la personne âgée, cet ouvrage propose une approche antistress éprouvée et des moyens fiables pour retrouver le plaisir de dormir et de se réveiller frais et dispos.

Ce que nous mangeons est la première cause de nos problèmes digestifs.

Problèmes
digestifs

Pierre Laroche

Nouvelles solutions
naturelles

CARDINAL

Indigestion, gaz, constipation, diarrhée, peu d'entre nous échappent à ces malaises digestifs au cours de leur vie. Parfois même, ces problèmes deviennent chroniques. Une meilleure connaissance et une surveillance accrue de notre alimentation est au cœur des moyens pour les prévenir et les éliminer, mais la maîtrise du stress joue aussi un rôle non négligeable. Il existe par ailleurs une vaste gamme de moyens tout à fait naturels pour soulager les symptômes qui en découlent et se soigner.

Ce livre présente un inventaire des problèmes digestifs les plus courants et des solutions naturelles les plus appropriées pour soulager et prévenir chacun d'eux. Ce tour d'horizon vous aidera grandement à savoir ce que vous pouvez faire pour atténuer vos malaises digestifs ou améliorer les effets de vos traitements médicaux.

> *Bien vivre sa sexualité, c'est apprendre
> à se connaître soi-même.*

Baisse du désir, libido à zéro, problèmes hormonaux, les troubles sexuels féminins sont non seulement nombreux, mais ils sont souvent difficiles à cerner, à expliquer, à nommer ou à confier au partenaire ou au médecin. De plus, ils se greffent parfois à des problèmes psychologiques ou relationnels qui peuvent sembler difficiles à résoudre sans aide. Si vous faites partie de ces femmes qui refusent d'apprendre à vivre avec la douleur ou avec le renoncement, ce livre est pour vous. En approfondissant chacun des problèmes et des maladies qui risquent d'affecter votre équilibre sexuel, il vous invite à vous réapproprier vos droits au désir et au plaisir.

Ce guide présente une approche respectueuse de la personne et propose les précieuses ressources d'une pharmacie vraiment naturelle, composée de plantes, d'herbes et d'aliments aux vertus curatives éprouvées. Et chose plus importante encore, il vous fournit des méthodes relaxantes et des moyens d'aviver votre plaisir – ainsi que celui de votre partenaire – à faire l'amour.